初中数学教学方法与实践

张克海 著

吉林摄影出版社
·长春·

图书在版编目（CIP）数据

初中数学教学方法与实践/张克海著. --长春：吉林摄影出版社，2022.10

ISBN 978-7-5498-5545-2

Ⅰ.①初… Ⅱ.①张… Ⅲ.①中学数学课－教学法－研究－初中 Ⅳ.①G633.602

中国版本图书馆 CIP 数据核字（2022）第 184085 号

初中数学教学方法与实践

CHUZHONG SHUXUE JIAOXUE FANGFA YU SHIJIAN

著　　者：	张克海
出 版 人：	车　强
责任编辑：	罗　晗
封面设计：	刘　华
开　　本：	787mm×1092mm　1/16
字　　数：	259 千字
印　　张：	10.5
版　　次：	2023 年 11 月第 1 版
印　　次：	2023 年 11 月第 1 次印刷
出　　版：	吉林摄影出版社
发　　行：	吉林摄影出版社
地　　址：	长春市净月高新技术产业开发区福祉大路 5788 号
	邮编：130118
网　　址：	www.jlsycbs.net
电　　话：	总编办：0431－81629821
	发行科：0431－81629829
印　　刷：	北京市兴怀印刷厂

ISBN 978-7-5498-5545-2　　　　定　价：48.00 元

版权所有　侵权必究

前　言

　　数学是一种工具，推动着人类文明的发展；数学是一门基础学科，是除语言学外学好其他学科的基础；数学又是一种思想方法，训练人们的思维能力。可见，数学的学习对促进社会和个人的发展都有着积极的作用。数学课是一门活跃的课程，需要学生之间、师生之间相互合作、共同交流，通过这种互动方式，教师和学生可以资源共享，交流彼此的感情，活跃课堂气氛，从而提高课堂的教学效果。

　　初中教育是基础教育的关键环节，也是国民教育的基础环节。随着社会的进步，教育理念的革新，教育工作者们在国家新课程标准的指导下，根据现有的理论学习研究，针对学校教育现状，就如何有效地开展教学，如何根据学生的需求和个性特征，采用合理的教学与管理方式，变革教师的教学方式和学生的学习方式进行了深入思考和不懈探索。

　　本书从初中数学教学方法与实践的角度出发，共分为十二章。第一章是初中数学教育概述；第二章介绍了初中数学教学的目标和内容；第三章介绍了初中数学的教学原则和模式；第四章对初中数学教学的基本技能进行阐述；第五章论述了初中数学教师的教学工作；第六章是初中数学思想的教学；第七章介绍了初中数学教学情境的创设；第八章对初中数学的教学方法进行简要概述；第九章为初中数学合作学习方法与设计；第十章是基于数学高校课堂的初中数学教学策略；第十一章对初中数学教学评价进行阐述；第十二章论述了信息技术与数学学科的整合。本书内容丰富、结构合理、实用性强，适用于对初中数学教学感兴趣的广大读者。

　　本书在编写过程中，参考了大量的文献资料，在此向其作者表示衷心的感谢。由于时间匆忙，加之水平有限，书中难免有不足之处，恳请广大读者批评指正。

作　者

目 录

第一章 初中数学教育概述 … 1
- 第一节 初中数学教育的地位及作用 … 1
- 第二节 我国数学教育目的的特点 … 1

第二章 初中数学教学的目标与内容 … 3
- 第一节 初中数学课程目标 … 3
- 第二节 初中数学课程内容 … 8

第三章 初中数学的教学原则与模式 … 13
- 第一节 初中数学教学的基本原则 … 13
- 第二节 初中数学启发式教学 … 16
- 第三节 初中数学教学模式 … 17

第四章 初中数学教学基本技能 … 21
- 第一节 导入技能 … 21
- 第二节 讲解技能 … 23
- 第三节 课堂组织技能 … 27
- 第四节 提问技能 … 31
- 第五节 教学语言技能 … 36
- 第六节 体态语言技能 … 41
- 第七节 结束技能 … 46
- 第八节 其他课堂教学基本技能 … 48

第五章 初中数学教师的教学工作 … 51
- 第一节 初中数学的基本知识 … 51
- 第二节 初中数学课的备课 … 53
- 第三节 初中数学课堂教学 … 56
- 第四节 初中数学课外工作 … 58
- 第五节 初中数学的说课 … 59

第六章 初中数学思想的教学 … 65
- 第一节 对数学思想方法的有关认识 … 65
- 第二节 数学思想方法的教学价值 … 67
- 第三节 数学思想方法教学的特点分析 … 71
- 第四节 数学思想方法的教学原则及途径 … 72

第五节　数学思想方法的教学中应注意的问题 ………………………………… 75

第七章　初中数学教学情境的创设 ………………………………………………… 77
　　第一节　教学情境创设的方法 …………………………………………………… 77
　　第二节　教学各环节的情境创设 ………………………………………………… 80
　　第三节　情境创设与教学效果 …………………………………………………… 82

第八章　初中数学的教学方法 ……………………………………………………… 83
　　第一节　普遍的数学教学方法 …………………………………………………… 83
　　第二节　创新的数学教学方法 …………………………………………………… 95
　　第三节　在课堂上数学教学方法如何应用 ……………………………………… 96
　　第四节　对数学教学方法进行反思 ……………………………………………… 98
　　第五节　对课堂数学教学方法进行指导 ………………………………………… 99

第九章　初中数学合作学习方法与设计 …………………………………………… 103
　　第一节　合作学习概述 …………………………………………………………… 103
　　第二节　合作学习的相关设计 …………………………………………………… 105
　　第三节　加强初中数学合作学习的对策 ………………………………………… 109

第十章　基于数学高效课堂的初中数学教学策略 ………………………………… 111
　　第一节　数学建模与数学教学探究 ……………………………………………… 111
　　第二节　数学教学模式的构建 …………………………………………………… 115
　　第三节　高效课堂综述 …………………………………………………………… 126

第十一章　初中数学教学评价 ……………………………………………………… 131
　　第一节　数学教学评价概述 ……………………………………………………… 131
　　第二节　学生数学学习的评价 …………………………………………………… 135
　　第三节　教师教学工作的评价 …………………………………………………… 139

第十二章　信息技术与数学学科的整合 …………………………………………… 143
　　第一节　信息技术与学科整合研究概论 ………………………………………… 143
　　第二节　多媒体辅助教学 ………………………………………………………… 149
　　第三节　几何画板辅助数学教学 ………………………………………………… 156

参考文献 …………………………………………………………………………… 161

第一章　初中数学教育概述

第一节　初中数学教育的地位及作用

数学教育的地位是由其作用决定的。在当前信息革命的时代里，数学除了传统的"思维"作用之外，更多地体现在各行各业、各个学科中。

一、数学在自然科学中的作用

数学，在科学中具有非常的重要性。当今社会的生存与繁荣靠科学技术，科学技术的发展依赖于数学。所以在培养未来的科技工作者和劳动者的教育中，让数学发挥其强大的功能。

二、数学在社会科学中的作用

数学在社会科学中的作用日益扩大，尤其是计算机参与后所发生的巨大变革，使得数学在社会中的地位日益提高。人们可以把数学对社会的贡献比喻为空气和食物对生命的作用，随着数学的发展，人们越来越意识到，数学不仅在自然科学中具有非常的重要性，在社会科学中也同样具有决定性的作用；不仅自然科学家的培养离不开数学教育，社会科学家的培养同样如此。

三、数学在人文科学中的作用

历史的发展证明，数学对人文科学有着积极的推动作用。现在人文科学的新特征及数学发展的新趋势更进一步表明，这种推动作用将会进一步增加。人文科学教育中数学的作用比以往任何时候都更为重要。定量化、精确化的特征，决定了数学在未来人文科学教育中是不可缺少的重要力量。

第二节　我国数学教育目的的特点

为了使我国初中数学教育适应未来发展的趋势，数学教育目的应具备以下特点。

一、数学教育目的应体现数学教学的新观念

当前，数学教学观念正在经历一个大的转变，即从"应试教育"向素质教育观念转变，这

个转变形成了数学教学改革的一个基本指导思想,以全面提高学生的素质为核心,改变以升学为中心,以考试为模式的数学教学体系,使学生成为全面和谐发展的适应社会主义现代化事业需要的公民。素质教育应该是数学教育目的的主题,无论哪一层次、范围、类型的初中数学教学都应该无一例外地明确提出素质教育方面应该达到的目标。

二、数学教育目的应反映数学教学的新趋势

一方面,数学教学的新趋势是数学教学实践的产物,它总是在一定的教育活动中孕育、生长的;另一方面,由于我们所处的是一个开放的时代,数学教育也是一个开放的系统,可以说,在当今的学科教育中,数学教育是最具有国际性的教育领域了,因此,数学教学的趋势也必然体现于数学教育的国际潮流中。

当前国际数学潮流中的许多问题都值得人们重视。如大众数学、问题解决、数学应用,数学思想方法与态度、数学作为信息交流工具的交流作用、各种水平上对计算机(器)的使用等,这些都应该结合我国的实际情况,作为数学教育目的的要素,在适当的教学层次上得到体现。

三、数学教育目的应具有适当的趋前性

这里的趋前性是相对于当前的教学现状而言的。数学教育对人才的培养是具有一定年限的周期性活动,培养规格仅在中学阶段就有长达 6 年的过程,加之在培养过程中,随着时代的前进和社会的发展,对数学教育的要求也在改变。因此,教育目的的着眼点不能局限于眼前,更应着眼于未来。

第二章 初中数学教学的目标与内容

初中数学教学要解决"为什么而教"和"教什么"的问题,即数学课程目标和内容的问题,这既是数学教学论的基础理论问题之一,也属于数学课程论的研究范畴。

初中数学课程目标是初中数学教学的指南。它既决定初中数学课程的内容,又决定初中数学的教学模式和方法,同时也是评价初中数学教学质量的主要依据。初中数学课程的内容具体规定了课程目标的各个方面应达到的程度,并在一定意义上指明了实现课程目标的基本程序。因此,全面、正确、深入地理解初中数学课程目标,从全局上掌握初中数学课程内容,不仅对于教师深入钻研和处理教材,恰当地选择教学方法,从而有效地提高教学质量,全面完成教学任务至关重要,而且对于初中数学教学改革的继续深入开展,也是必需的。

第一节 初中数学课程目标

为了全面、正确地理解初中数学课程目标,必须先了解初中数学课程目标是如何确定的,然后再来具体分析初中数学课程目标的方方面面。

一、确定初中数学课程目标的依据

初中数学课程目标,主要是根据国家的教育方针与基础教育的任务、数学的特点与作用以及学生的认知与心理特征等确定的。

(一)国家的教育方针和基础教育的任务

教育是为社会培养人的,一定社会在一定时期内对人才的总要求集中反映在教育方针和其他相关政策里。教育方针规定着教育的性质、目标及实现其目标的根本原则。

我国社会主义建设时期的教育方针是:教育必须为社会主义现代化服务,必须同生产劳动相结合,培养德、智、体全面发展的建设者和接班人。这个方针确定了我国教育应该把青少年培养成什么样的人才这个总目标,各级各类学校都必须以这个总目标为依据,结合学校自身的特点来确定各自的具体培养目标。

(二)数学的特点和作用

为了实现上述基础教育课程的培养目标,各分科课程必须依据自身的特点和作用确定各自的具体目标。

数学的特点应从两个角度来认识。数学既可以看作是人类进行数学活动的结果,又可以看作人类数学活动本身。作为数学活动的结果，指的是已经成熟的数学理论。它的基本特点是：严谨的逻辑结构，形式化的抽象内容，精确、简洁、通用的数学语言。由这些基本特点还派生出数学的其他一些特性。例如，由数学的严谨性派生出数学独特的逻辑系统性；由数学内容的形式化抽象派生出数学应用的广泛性等。

数学活动实质上就是指数学思维活动。因此，数学活动的特点即数学思维活动的特点，其中尤其是创造性数学思维活动的特点。

数学思维活动的第一个显著特点，就是思维对象的抽象性以及思维过程中抽象方法的特殊性。比如"点""自然数""方程""函数"等，就是数学思维的思想材料，客观世界中并没有这样的实物。数学活动过程中抽象方法的特征是逐级抽象（层次性）和逻辑建构。例如，数、式、函数、关系等思维对象是经逐级抽象依次由前一个对象得到后一个对象的。所谓逻辑建构即指借助于明确的定义构造出相应的量化模式，而量化模式完全舍弃了实际背景的具体意义，只剩下纯粹的形式结构。

数学思维活动的第二个特点是严谨与非严谨的结合。一切数学结论都是经过严谨的逻辑建构或逻辑论证的，逻辑建构和逻辑论证的过程属于数学思维活动。但是，数学思维活动远不只单一的逻辑建构或逻辑论证过程，它还包括数学结论的发现过程以及寻求逻辑建构或逻辑论证途径的过程。

数学思维活动的第三个特点是自然语言与数学符号语言相结合。在进行严谨的逻辑建构或逻辑论证时，使用数学符号语言；在进行非严谨的创造思维时，自然语言和数学符号语言结合使用。如果以数学活动的三个阶段的划分来分析语言使用的情况，那么，可以这样认为：在经验材料的数学组织化阶段，其任务是将自然语言转化为数学符号语言；在数学材料逻辑化阶段，其任务是数学符号语言的逻辑建构；在数学理论应用阶段，其任务则是把数学符号语言又翻译成自然语言。总之，在数学思维活动中，这两种语言相互交替，结合使用，其中的核心是数学符号语言。

（三）学生的认知和心理特征

基础教育的对象一般是六七岁至十八九岁的儿童和青少年，他们正处在长身体的发育期，也是智、情、意发展的重要时期。不同年龄阶段，他们的认知和心理特征有较大区别，但符合一定的发展规律。就一般的心理特征而言，他们都具有可塑性强、上进心强、求知欲旺盛、精力充沛、大脑反应快而灵活等特点，但他们的思想情感容易波动，缺乏克服困难的信心与毅力，缺乏实践经验，而且年龄愈小，这些问题愈突出。

学生的上述认知和心理特征必然影响和制约着数学课程目标。一方面，考虑到学生思维发展的阶段性，数学课程目标应是分阶段的，不同阶段的数学课程目标应与学生可能的发展水平相适应；另一方面，考虑到学生可塑性强，智力发展有潜力，在同一个教育阶段又可以提出某些有弹性的要求。

二、初中数学课程目标分析

我国基础教育现行的数学课程目标分为两大阶段。

（一）义务教育阶段数学课程目标

这一阶段的数学课程目标分为三个层次：总体目标、学段目标、各大块数学内容的具体目标。其中总体目标是：通过义务教育阶段的数学学习，学生能够获得适应未来社会生活和进一步发展所必需的重要数学知识（包括数学事实、数学活动经验）以及基本的数学思想方法和必要的应用技能；初步学会运用数学的思维方式去观察、分析现实社会，去解决日常生活中和其他学科学习中的问题，增强应用数学的意识；体会数学与自然及人类社会的密切联系，了解数学的价值，增进对数学的理解和学好数学的信心；具有初步的创新精神和实践能力，在情感态度和一般能力方面都能得到充分发展。

具体阐述如下：

（1）知识与技能：经历将一些实际问题抽象为数与代数问题的过程，掌握数与代数的基础知识和基本技能，并能解决简单的问题。经历探究物体与图形的形状、大小、位置关系和变换的过程，掌握空间与图形的基础知识和基本技能，并能解决简单的问题。经历提出问题、收集和处理数据、作出决策和预测的过程，掌握统计与概率的基础知识和基本技能，并能解决简单的问题。

（2）数学思考：经历运用数学符号和图形描述现实世界的过程，建立初步的数感和符号感，发展抽象思维。丰富对现实空间及图形的认识，建立初步的空间观念，发展形象思维。经历运用数据描述信息、作出推断的过程，发展统计观念。经历观察、实验、猜想、证明等数学活动过程，发展合情推理能力和初步的演绎推理能力，能有条理地、清晰地阐述自己的观点。

（3）解决问题：初步学会从数学的角度提出问题、理解问题，并能综合运用所学的知识和技能解决问题，发展应用意识。形成解决问题的一些基本策略，体验解决问题策略的多样性，发展实践能力与创新精神。学会与人合作，并能与他人交流思维的过程和结果。初步形成评价与反思的意识。

（4）情感与态度：能积极参与数学学习活动，对数学有好奇心与求知欲。在数学学习活动中获得成功的体验，锻炼克服困难的意志，建立自信心。初步认识数学与人类生活的密切联系及对人类历史发展的作用，体验数学活动充满着探索与创造，感受数学的严谨性以及数学结论的确定性。形成实事求是的态度以及进行质疑和独立思考的习惯。

在上述总目标的框架下，学段目标再把四个方面的要求按三个学段分别进行分解，进一步具体化。而在教学内容目标中，则在每个学段按数与代数、空间与图形、统计与概率、实践与综合应用四大块列出每一项具体内容的具体目标。

三个层次的目标构成一个完整的目标体系。这里有以下几点值得注意。

1. 关于目标体系的总体理解

目标体系是一个有机总体,它包含了四个方面,既体现了数学素质教育的全面要求,又体现了数学活动结果与数学活动过程统一的数学教学要求。知识与技能目标属于对数学活动结果的认知目标,数学思考、解决问题以及情感与态度三个方面的目标属于对数学活动过程的认知以及情意目标,也可把它们统称为过程性目标。知识技能目标与过程性目标合并起来,就是对整个数学活动的教学要求。

2. 关于具体目标的层次与水平的体现

目标体系中,就知识技能目标而言,不同的知识或技能,对学生的要求是不尽相同的,同一项知识或技能,在不同学段对学生的要求也是不同的,这种对学生要求的不同就体现出目标的层次性。为了刻画知识技能目标的层次性,课程标准使用了"了解(认识)、理解、掌握、灵活运用"等目标动词,这四个动词刻画的目标层次依次由低到高,具体含义如下:

(1) 了解(认识)——能从具体事例中,知道或能举例说明对象的有关特征(或意义);能根据对象的特征,从具体情境中辨认出这一对象。

(2) 理解——能描述对象的特征和由来;能明确地阐述此对象与有关对象之间的区别和联系。

(3) 掌握——能在理解的基础上,把对象运用到新的情境中。

(4) 灵活运用——能综合运用知识,灵活、合理地选择与运用有关的方法完成特定的数学任务。

再就过程性目标来说,不同的数学活动过程对学生的要求不尽相同,同一(或类似)数学活动过程,在不同学段对学生的要求也不相同,这种对学生的不同要求体现出数学活动水平的高低。为了刻画过程性目标中所体现出的数学活动水平,课程标准使用了"经历(感受)、体验(体会)、探索"等目标动词,这三组动词体现出的过程性目标水平也是依次由低到高,具体含义为:

(1) 经历(感受)——在特定的数学活动中,获得一些初步的经验。

(2) 体验(体会)——参与特定的数学活动,在具体情境中初步认识对象的特征,获得一些经验。

(3) 探索——主动参与特定的数学活动,通过观察、实验、推理等活动发现对象的某些特征或与其他对象的区别和联系。

(二) 普通高中数学课程目标

与前述义务教育阶段数学课程接轨的普通高中数学课程,其课程目标在我国制定的课程标准中有明确的规定。

高中数学课程的总目标是:使学生在九年义务教育数学课程的基础上,进一步提高作为未来公民所必要的数学素养,以满足个人发展与社会进步的需要。具体目标如下:

（1）获得必要的数学基础知识和基本技能，理解基本的数学概念、数学结论的本质，了解概念、结论等产生的背景与应用，体会其中所蕴含的数学思想和方法，以及它们在后续学习中的作用。通过不同形式的自主学习、探究活动，体验数学发现和创造的历程。

（2）提高空间想象、抽象概括、推理论证、运算求解、数据处理等基本能力。

（3）提高数学地提出、分析和解决问题（包括简单的实际问题）的能力，数学表达和交流的能力，发展独立获取数学知识的能力。

（4）发展数学应用意识和创新意识，力求对现实世界中蕴含的一些数学模式进行思考和作出判断。

（5）提高学习数学的兴趣，树立学好数学的信心，形成锲而不舍的钻研精神和科学态度。

（6）具有一定的数学视野，逐步认识数学的科学价值、应用价值和文化价值，形成批判性的思维习惯，崇尚数学的理性精神，体会数学的美学意义，从而进一步树立辩证唯物主义和历史唯物主义世界观。

随后，在内容标准中分知识块详细提出要求。

关于这一课程目标，有几点值得注意：

第一，高中数学课程目标与义务阶段数学课程目标在陈述形式上有区别。前者分总目标、具体目标以及各项数学内容的具体要求；后者总体目标、学段目标和各项知识内容的具体目标。其实，教学内容的具体目标与具体要求是一回事，只不过是用词不一样。至于义务教育有学段目标，这是必要的，因为三个学段的课程内容虽是整体统一设计，但要求是逐段提高的。

第二，两个课程标准对课程目标领域的划分有区别。义务教育阶段数学课程目标划分为知识与技能、数学思考、解决问题、情感与态度四个方面，并又将其归并为两大目标：知识技能目标和过程性目标；普通高中数学课程目标则划分为知识与技能，过程与方法，情感、态度与价值观三个方面。这种区别，其实也不是实质性的，大同小异而已。

第三，两个标准中使用的目标动词也不尽相同。义务教育阶段数学课程标准使用"了解（认识）、理解、掌握、灵活运用"四级刻画知识技能层次的目标动词，高中数学课程标准则将这一目标分成"知道/了解/模仿、理解/独立操作、掌握/应用/迁移"三级，并在每一级中列出刻画该水平的多个行为动词；义务教育阶段数学课程标准使用"经历（感受）、体验（体会）、探索"三级刻画数学活动水平的过程性目标动词，高中数学课程标准则将过程与方法分成"经历/模仿、发现/探索"两级水平，并在每一级中列出刻画该水平的多个行为动词，另外再将情感、态度与价值观分成"反应/认同、领悟/内化"两级水平，并同样列出刻画多水平的多个行为动词。

总的来说，高中数学课程目标与义务教育阶段数学课程目标虽有某些提法不同，但体现出的实质精神是一致的。

第二节　初中数学课程内容

确定了初中数学课程目标以后，紧接着就要讨论如何选择和安排初中数学课程的内容，它涉及影响数学课程内容的因素，选择数学课程内容的依据和原则，安排课程内容的原则与方法等诸多问题。

一、影响初中数学课程内容的因素

数学课程内容是发展、变化的，受到许多因素的影响，归纳起来，主要是三个大的方面，它们构成促进数学课程发展的综合动力。

（一）社会方面的因素

教育是一种社会现象，它作为社会大系统的一个子系统，必然要受到社会诸因素的影响。在影响课程发展的诸因素中，再没有比社会因素的影响更大的了。

1. 社会生产的需要

在古代，数学是生活、生产的产物。当时的数学只是一些简单的测量和计数法，数学是作为一种有助于解决各种实际问题的技术而传授给后代的。后来，由于思辨的需要，赋予数学以一定的逻辑内容，把数学作为训练学生思维的工具。直到18世纪中叶以前，由于社会生产基本上是以自给自足的小农经济为主，生产力的发展水平决定了对数学的需求极为有限，数学课程的内容一直很简单。第一次技术革命后，资本主义大工业代替了手工业生产，促使社会对劳动者的数学知识的要求相应提高，数学课程不仅成了主科，而且内容有了相应发展。在当今社会里，数学在生产领域的用途越来越广，这就要求数学课程的内容作相应的调整和改变，以便适应这种发展的需要。近20年来，国内有关学术团体曾先后组织了几次"社需"调查，结果表明，中小学数学课程中的传统内容在今后仍占有重要地位，但其中有些内容可以适当删减、削弱；同时应增加一些近代和现代数学初步知识，课程内容应有不同的层次，属于共同需要的部分可作为必修内容，只有某些领域需要的部分则可作为选修课或课外活动小组的内容。这些结论将是我国21世纪数学课程改革的重要依据。

2. 科学技术的发展

科学技术在两方面影响着数学课程的内容：一是科学技术越是发展，应用数学的程度越高，人们就越是要通过数学才能掌握其他的科学和技术，数学课程就应当反映这一点。二是科学技术的发展直接或间接地影响着数学课程内容的改变。课程只能吸收最有价值的科学成果，而科学技术的发展，最有价值的标准也随之改变了，这是对数学课程内容的直接影响；科学技术的发展，现代教育技术与学科课程结合，也会引起课程内容的改变，这是对数学课程内容的间接影响。

3. 政治经济因素

这是制约数学课程的最根本因素。例如，我国现阶段实施九年制义务教育，初中数学课程就必须服务于培养合格公民这一总目标。

4. 社会文化、哲学思想的影响

数学是人类文化的一部分，数学课程必然注意本国文化背景和国情。此外，从课程理论的产生背景分析，各种课程理论都是在一定的哲学思想指导之下提出的。

（二）数学本身的因素

随着数学科学的发展，新的数学理论将不断充实到初中数学课程中，影响数学课程内容。

欧几里德几何的诞生，大大地冲击了欧几里德以前的数学课程，一直到17、18世纪还不能动摇欧几里德几何在学校数学课程中所占的主要地位。到19世纪末和20世纪初，数学有了很大发展，欧几里德几何在学校数学课程中的地位开始动摇，数学课程内容有了很大的变化。

20世纪，数学产生了惊人的变化。集合论成为各个学科的共同基础，纯粹数学转向研究基本的数学结构；数学抽象化的势头越来越大，分科越来越细，数学的内在联系揭露得越来越深；电子计算机进入了数学领域，大大推进了数学的发展；应用数学像雨后春笋一样蓬勃发展。随着数学科学内容和形式的发展，人们对"数学是什么"的认识也发生了变化，数学是模式的科学，数学也是一种交流形式，是一种语言，是一种文化。数学中观察、实验、发现、猜想等实践活动和任何自然科学一样普通，尝试和错误，假说和调研以及度量和分类是数学家常用的部分技巧。数学的这些发展，直接或间接地影响初中数学课程。现代数学的一些初步思想、内容和方法渗透到初中数学中，成为初中数学课程的有机组成部分，这是直接影响。高等学校数学课程改革，现代数学的基础课程逐渐替代古典高等数学课程，这种趋势必然导致初中数学课程作相应的变革，这是间接影响。

（三）教育方面的因素

1. 教育理论的发展

新的教育理论是课程改革的动力之一，每一时期的课程内容及其体系安排是由相应的课程理论决定的。例如，20世纪60年代，布鲁纳提出"结构"的课程理论，西方国家的"新数学"就是按这种理论建构起来的。和布鲁纳同一时代的教育家赞可夫提出了"发展"的课程理论，在数学课程改革中也产生了很深的影响。

2. 教师水平的改善

课程教材是教师教学的依据，教师是把课程内容转化为学生个体的知识经验的直接指导者，教师只有清晰地、深刻地理解课程标准和教材，才能真正贯彻实施课程的理念，加强教学的主动性。因此，教师的水平影响着初中数学课程内容的落实。

3. 学生水平的发展

初中数学课程的服务对象是学生，学生主要是通过教材来获取知识的。因此，学生也是影响初中数学课程内容的重要因素。

影响数学课程内容的因素除了以上三个大的方面以外，还有数学课程的历史因素。初中数学课程有其发展的历史，至今已经历过多次改革。但是，这些改革都是渐变过程，每次新的数学课程都是在原有数学课程的基础上进行相应的变革而产生的。因此，现在的初中数学课程内容必须继承传统数学课程内容的精华，去其糟粕，更新观念，适当增添适应社会发展需要的新内容。那种完全不顾历史因素的数学课程改革是行不通的。

二、选择初中数学课程内容的原则

根据初中数学课程目标和影响课程内容的因素，选择初中数学课程内容时应遵循如下一些原则：

(1) 基础性原则。

(2) 应用性原则。

(3) 可接受性原则。

(4) 教育性原则。

(5) 衔接性原则。

(6) 灵活性与统一性相结合的原则。

(7) 可行性原则。

三、现行初中数学课程内容的框架

初中数学课程内容包括"数与代数""空间与图形""统计与概率""实践与综合应用"四个学习领域。课程内容的学习，强调学生的数学活动，发展学生的数感、符号感、空间观念、统计观念，以及应用意识与推理能力。

（一）数与代数

1. 数与式

包括有理数、实数、代数式、整式与分式等概念以及各自的运算性质的法则。

2. 方程与不等式

方程包括一元一次方程、二元一次方程组、可化为一元一次方程的分式方程、一元二次方程；不等式包括一元一次不等式以及由两个一元一次不等式组成的不等式组。

3. 函数

包括函数的一般概念（描述性）、一次函数（含正比例函数）、反比例函数、二次函数。

（二）空间与图形

1. 图形的认识

包括点、线、面、角、相交线与平行线、三角形、四边形、圆等基本图形的认识，以及尺规作图、视图与投影的初步知识。

2. 图形与变换

包括图形的轴对称、图形的平移、图形的旋转、图形的相似等变换的基本性质和应用。

3. 图形与坐标

包括平面直角坐标系的认识，感受图形变换后点的坐标的变化，灵活运用不同的方式确定物体的位置。

4. 图形与证明

包括了解证明的含义，掌握一些基本事实作为证明的依据，并利用它们证明一些简单的命题。

(三) 统计与概率

1. 统计

在小学已学一些初步的统计知识的基础上进一步学习下列内容：加权平均数、极差、方差、频数、频率、频数分布等统计量的意义与作用，扇形图、频数分布表、频数分布直方图和频数折线图等统计图表的制作，体会用样本估计总体的思想，用统计知识解决简单的实际问题。

2. 概率

了解概率、事件发生的频率等概念的意义，运用列举法计算简单事件发生的概率，知道大量重复实验时频数可作为事件发生概率的估计值。解答一些简单的实际问题。

(四) 课题学习

在初中这一学段，"实践与综合应用"领域以"课题学习"的形式呈现，这种课题一般要求引导学生结合生活经验提出，因此在课程标准中没有统一列出。现有的不同版本的几种实验教材中各自列出了若干课题，它们的共同目标都是为了发展应用数学知识解决问题的意识和能力，同时，进一步加深对相关数学知识的理解，认识数学知识之间的联系。

四、初中数学课程体系的编排原则与方式

课程内容确定以后，如何组织和安排这些内容，即按什么样的体系编排才符合数学教学规律，也是一个十分重要的问题。

一门课程不但要反映知识本身的性质，还要反映求知者的素质和知识获得过程的性质。就数学课程体系来说，反映"知识本身的性质"，也就是要反映在前一节提到过的数学科学的基本特性；反映"求知者的素质"，也就是要反映学生的心理发展水平和规律；反映"知识获得过程的性质"，也就是要反映学生的认识规律。因此，编排初中数学课程体系时，既要保持数学科学的基本特征，又要符合学生的认识规律和心理发展规律，这三方面的协调统一，就是初中数学课程体系的编排的基本原则。

根据数学科学的基本特性，编排课程内容时，必须尽可能保持数学知识之间的逻辑体系，

保持数学科学的系统性，除了考虑学生认识上的原因而不得不作必要的调整外，不能随意改变知识的前后顺序；在讲完一项知识后，必须在随后的内容中安排它的广泛应用；必须逐步提高知识的抽象程度，不能老停留在具体的感性材料上。

根据学生的心理发展规律，课程内容的抽象程度要与初中生的思维发展各个阶段的特点相适应。在较低年级应安排那些与具体事物的形象或数量有直接联系的数学内容，在较高年级才安排那些经过多级抽象得来的数学内容。课程体系还要有利于发挥迁移效果，做到先行知识的学习与后继知识的学习能互相促进，即前者启发后者，后者巩固前者。

根据学生的认识规律，课程内容的安排要由浅入深，由易到难，循序渐进；要由感性到理性，由实践到理论再到实践。

除了遵循上述基本原则外，初中数学课程内容的编排还要照顾到初、高中的分段和同物理、化学等学科的相互配合。

关于初中数学课程体系的类型，大致有以下三种：

第一类是以结构为基础的统一数学。这种类型完全打破传统体系，不分科，对传统内容用现代数学的结构观点重新处理。其优点是反映了现代数学科学的基本特性、基本精神和思想。

第二类是基本保留传统体系的分科数学，其中渗透了一些现代数学的初步思想。其优点是既有利于数学知识的系统叙述，又比较符合学生的心理发展规律和认识规律，同时还兼顾了同物理、化学的相互联系。

第三类是混合数学（或称综合数学），既不分科，也没有真正统一。整个初中数学分成若干大块，各大块内的脉络清楚，但各块之间的联系却不明显。这种类型的数学课程体系，在精简课程门类和数学知识的综合运用方面体现了优越性。

我国编写的初中数学教材，第二类和第三类体系都采用过。现行教材属于第三类体系。

体系编排问题除了分科与统一或混合的区别之外，还有对某项具体知识的所谓"直线式"或"螺旋式"安排的考究。直线式安排是指某项知识只集中于一处进行系统研究，一次完成。螺旋式安排则不同，对于同一内容，在初中的不同阶段至少两次研究它。第一次讨论它较容易的部分或是可以立即应用的部分。

我国现行数学课程的一部分内容是直线式安排的，例如立体几何、解析几何的知识基本上都是如此。这样做，有利于精简叙述，节省教学时间。另有一部分内容采取了螺旋式安排，例如函数、方程、不等式、概率、统计等知识。螺旋式安排有其优越性。首先，这种安排使得有可能照顾到学生的心理发展水平和认识水平，在不同阶段仅选择学生能接受的那些材料；其次，对于一些重要的数学理论，现代数学的一些基本思想，有可能尽早地引入或渗透，介绍简单的应用；还有一个好处是对同一知识项目的多次反复研究，有利于学生巩固地掌握这项知识。

第三章　初中数学的教学原则与模式

第一节　初中数学教学的基本原则

初中数学教学基本原则是数学教学工作中所必须遵循的基本要求和指导原理，既涉及基本的教学理论原则在数学教学中的应用，更关系到数学教学特殊的规律性。

一、严谨性与量力性相结合的原则

（一）初中数学理论和逻辑的严谨性

严谨性是数学学科的基本特征之一。其含义主要是指数学逻辑的严密性及结论的确定性。在初中数学的理论中，它主要表现在以下两个方面：其一，概念（除原始概念外）必须定义；其二，命题（除公理外）都要证明。但是，数学的严谨性是相对的，是随着历史的发展而不断充实提高的。

（二）对中学生的量力性

根据中学生的知识水平与接受能力，数学教学必须循序渐进，量力而行。在掌握数学科学的严谨性这个方面，对中学生的量力性具有如下特点：对数学严谨性的要求，只能逐步提出，它随着学生认识能力的发展而提高；对数学严谨性的认识具有针对性。

（三）严谨性与量力性相结合

数学科学是严谨的，中学生认识数学科学又要受量力性的制约，因此，在数学教学中，既要体现数学科学的特征，又要符合学生的实际，这就是严谨性与量力性相结合的原则对数学教学的总要求。一方面对数学教学的各个阶段要提出恰当而又明确的目标任务，另一方面要循序渐进地培养学生的逻辑思维能力。

二、抽象与具体相结合的原则

从具体到抽象是人类认识发展的规律。个体认识的发展也遵循这个规律。由于数学这门学科的特点之一就是具有高度的抽象性，所以数学教学必须把发展学生的抽象思维作为一个主要目的。只有正确理解具体与抽象的相互关系，才能正确贯彻具体与抽象相结合的原则。

（一）数学的抽象性

数学具有高度的抽象性。数学的抽象性是撇开对象的具体内容，仅仅保留数量关系或空间形式。数学的抽象性有着丰富的层次，包括逐级抽象、逐次提高的抽象过程。数学的抽象性伴随着高度的概括性。抽象程度越高，其概括性越强。数学的抽象性还表现为广泛而系统地使用了数学符号，具有词语、词义、符号三位一体的特性，这是其他学科所无法比拟的。当然，数学的抽象性必须以具体素材为基础。数学的抽象性还有逐级抽象的特点。

（二）学生抽象思维的局限性

由于受年龄、理解问题的能力、认识问题的方法等特点的影响，学生抽象思维具有一定的局限性。这主要表现在：过分地依赖于具体素材；具体与抽象相割裂，不能将抽象理论应用到具体问题中去；对抽象的数学对象之间的关系不易掌握等方面。

（三）应用具体与抽象相结合的原则教学

贯彻具体与抽象相结合的原则，就是在教学中根据人的认识规律，从学生的感知出发，以客观事物为基础，从具体到抽象，形成抽象的概念，上升为理论，进行判断和推理，再由抽象到具体，用理论指导实践。这样才能掌握好数学基础知识，培养基本能力。

教师在贯彻抽象与具体相结合的原则时要注意以下问题：

（1）注意从实例引入，阐明数学概念。通过实物（包括教具）直观、图像直观或语言直观，形成直观形象，提供感性材料。数形结合的方法也可作为直观化的一种手段。通过数形结合使抽象的概念、关系得以直观化、形象化，有利于分割、发现和理解。

（2）注意"温故知新"。数学具有逐级抽象的特点，较高一级的抽象要依赖于较低一级的抽象。数学的这种逐级抽象性反映着数学的系统性。

（3）注意培养学生抓住数学实质的能力。学生产生具体与抽象脱节的现象，解决实际问题的能力差，这与他们抓不住数学实质有关。有些学生尽管可以背诵某些概念或定理的条文，但并没有真正理解问题的实质，因此不能把所学知识灵活运用。所以在教学中，要注意培养学生抓住数学实质的能力。

三、理论与实践相结合的原则

理论与实践相结合，这既是认识论与方法论的基本原则，又是教学论与学习论的基本原则。在数学教学中正确贯彻这个教学原则是实现教学目的的重要保证。它的重要意义在于不仅要学到书本上的理论知识，还要通过学习能运用这些知识来指导实践。在教学过程中要求教师在理论和实践结合中传授知识，训练技能，培养能力，学以致用，达到深刻理解理论实质、增长实践才干的目的。

应用理论与实践相结合的原则进行教学时，应注意以下问题。

（一）大力加强初中数学与实际的联系

在教学过程中，要尽可能从学生所熟悉的生活、生产和其他学科的实际问题出发，进行分析、综合、抽象、概括和必要的逻辑推理，得出数学概念和规律，让学生受到把实际问题抽象成数学问题的训练。

（二）大力提高初中数学教学的理论水平

只有加深知识理解，提高初中数学教学的理论水平，才能牢固掌握有关数学知识，使之应用到实践中去。提高理论水平，主要靠加强一般原理和一般方法的教学，其目的在于发挥理论的指导作用。当然，提高理论水平，也有利于学生理论联系实际能力的培养。

（三）对理论与实践相结合应有整体的构想

在数学教学中，让学生掌握哪些典型实际问题，怎样安排，达到什么程度与要求，如何有计划地培养学生的抽象能力、分析与综合能力、类比能力等各种能力，需要全面考虑。对学生进行从实际问题或数学模型等抽象出数学问题的训练，用数学知识来解决实际问题及解题的训练，要有计划、常规化。对实际问题的引入要进行加工，不要太专业化。

（四）加强一般原理的教学

数学教学要能使学生对知识理解透彻、熟练掌握、灵活运用。理解本身就蕴含着联系实际，理解可以促使知识系统化和认知结构合理化、深刻化。理解是一个过程，理解的过程伴随着各种能力的培养。从认识的角度来看，理解一个理论就是要完成从感性到理性、由理论到实践的两个飞跃。

四、巩固与发展相结合的原则

巩固与发展相结合，是科学的教学原则之一，它是由初中数学的教学目的、教学特点与规律所决定的，是受人的记忆发展的心理规律所制约的。数学教学目的在于让学生牢固掌握数学基础知识、基本技能，同时使他们的思维得到发展，能力得到提高。

（一）巩固所学知识

知识的掌握包括感知、领会、巩固和应用四个有联系的层次和过程。感知是由不知到知，领会是由浅知到深知，巩固是由遗忘到保持，应用是由认识到行动的过程。学习数学的目的在于应用，如果知识得不到巩固，应用也就落空。要巩固所学知识，记忆起着不可缺少的作用。只有提高记忆力，才能牢固掌握数学基础知识和基本技能。

（二）发展思维

数学教学的目的不仅要使学生深刻而又牢固地掌握系统的知识和技能，而且更要使他们的思维得到发展。只有发展了思维，才能更深刻地理解和掌握所学知识。数学是人类思维的"体操"，数学教学必须发展学生的思维，而且数学也有利于发展思维。所以在数学教学中必须注意，要明确思维的目标与方向；要为思维加工提供充足的原料；要发展抽象思维形式；要让学生掌握思维方法。

（三）巩固与发展相结合

巩固与发展相结合就是要把巩固掌握数学基础知识和发展提高思维能力结合起来。巩固知识需要复习和应用,发展思维需要训练。通过复习,温故知新,举一反三,触类旁通,使学生的知识深化,思维得到训练和发展,能力得到提高。要想做好巩固与发展相结合,首先,要重视对学生所学知识、技能和方法进行复习巩固工作的研究。其次,复习题的选配要着眼于发展学生的思维和培养学生的能力。

五、数与形相结合的原则

以数与形相结合的原则进行教学,这就要求我们切实掌握数形相结合的思想与方法,以数形相结合的观点钻研教材,理解数学中的有关概念、公式和法则,掌握数形相结合进行分析问题与解决问题的方法,从而提高运算能力、逻辑思维能力、空间想象能力和解题能力。

六、传授知识与发展能力相结合的原则

知识是人们对客观事物认识的总和,是对客观事物的现象与本质的反映。能力是人们顺利完成某种活动的本领,属于个人的心理状态或心理特征。数学中的基本能力表现为运算能力、逻辑思维能力、空间想象能力,以及由此逐步形成的分析和解决问题的能力。智力是大脑机能在社会活动中认识和改造客观事物的心理特征,通常是指观察力、记忆力、想象力、思维力和注意力。智力与能力统称为智能或一般能力。

知识与能力既有区别,又是相互联系、相互制约的。其区别表现在各自有不同的内涵。知识是后天获得的,而能力与先天因素、后天环境、教育等因素有关。知识的获得是无止境的,发展相对要快一些。能力的发展是有限度的,发展相对要慢些。不能机械地用掌握知识的多少来衡量能力的大小或发展的程度。

传授知识与发展能力相结合,是辩证唯物主义的教学原则。这种结合有利于增长知识,发展智能。在初中数学教学中,贯彻传授知识与培养能力相结合的原则,是一个比较复杂且涉及面广的问题。

第二节 初中数学启发式教学

初中数学传统教学方法有讲解法、谈话法、练习法、讲练结合法等。当前国内外比较盛行的教学方法有目标教学法、发现式教学法、程序教学法、自学辅导教学法、"读读、议议、讲讲、练练"教学法等。无论哪种教学法都不能忽视启发式教学法。

启发式教学法,由于它不具有一套固定的教学模式或若干具体的教学环节,因此有人认为不应视为一种具体的教学方法,而应看成一种课堂教学原则。实际上,在具体教学中,只要是具备上述启发性基本特征的教学方法,我们都可泛称为启发式教学法。其反面是注入式,又称填鸭式教学法。

启发式教学方法，由教学目的、教学内容、教学条件和学生实际等具体情况决定而有多种形式。归纳起来有以下几种：提问式启发，提示式启发，示范式启发，图示式启发，假设式启发等。

贯彻启发式原则，首先应注意吃透教材、了解学生，这是贯彻启发式原则的基础。所谓吃透教材，就是对所教内容的知识结构、来龙去脉、地位、作用、重点、难点、关键、内在联系等弄清楚，这样才能有针对性地开展启发式教学活动。了解学生，就是了解学生的知识水平和思维发展水平，这样才能有的放矢地进行启发。其次，应注意启发学生积极思维有个过程，不能急于求成。应注意以表扬鼓励为主，出现"启而不发"的现象时，不要对学生埋怨和挖苦，这样会挫伤学生的积极性。

第三节　初中数学教学模式

俗话说"教无定法"，研究数学教学模式，不是为了"套用模式"，而是为了"运用模式"，最终实现教师的教学从"有模式的"教学向"无固定模式的"教学转化。

一、几种基本教学模式

教学实践是数学教学模式理论生成的逻辑起点。数学教学模式作为教学模式在学科教学中的具体存在形式，是在一定的数学教育思想指导下，以实践为基础形成的。数学教学模式通常是将一些优秀教师的教学方法加以概括、规范，使之更为成熟、完善，并上升为一种行之有效的理论体系，体现了数学教学理论与实践的统一。依照教师在课堂上所起作用的强弱、学生参与程度的大小可分为以下五个教学模式。

（一）讲授式教学模式

讲授式教学模式也被称为"讲解—传授"模式，自 20 世纪 50 年代以来，一直在我国中小学数学课程教学中占有重要的位置。在这种教学模式中，教师的教学活动主要表现为对数学知识的系统讲解和数学基本技能的传授，学生则通过听讲理解新知识，掌握数学的基础知识和基本技能，发展数学能力。讲授模式的具体操作过程有五个教学环节：组织教学、引入新课、讲授新课、巩固练习、布置作业。

讲授式教学模式是一种以教师为中心的"传授知识"的教学模式，其主要特点是注重知识传授的系统性和教师的主导地位，最大的益处就是教师能在单位时间里向学生迅速传递较多的知识，通常适用于概念性强、综合性强，或者比较陌生的课题教学中。

（二）讨论式教学模式

与讲授式教学模式相比，讨论式教学模式的特点主要表现为在教学中教师和学生的角色发生了转变，即教师由知识的"代言人"变成了教学活动的组织者，学生由知识的被动接受者变成了某种程度的知识的建构者。讨论式教学仍然以教师为主导。教师提出问题，决定解决问题的导向，归纳讨论的结果等，还是教师起决定作用。但是，这种教学模式可能走向极端，把"满堂灌"变成"满堂问"，学生依然缺乏自主思考的时间，效果同样不好。

（三）学生活动教学模式

活动教学模式就是学生在教师的指导下，通过实验、游戏、参观、看电影和幻灯片等活动形式，用感官和肢体活动获取数学知识、培养数学能力的一种教学模式。其活动单位既可以是一个班的全体学生，也可以是部分学生，活动场所既可以是课堂教学，也可以是第二课堂。其活动方式主要有两种，即数学实验和数学游戏。

数学实验包括量长度、数数目、称体重、画图、做模型、估计、听录音、看教学电影、比较、分类、处理数据、发现规律等。除了数学实验形式以外，带有竞争性的游戏也是活动教学模式的一种主要活动形式。游戏活动的种类很多，有用于概念学习的，有用于训练推理的，有用于练习几何图形变式的，还有练习计算方法的。

（四）探究式教学模式

探究式模式也称为"引导—发现"模式，其主要目标是学习发现问题的方法，培养、提高创造性思维能力。它的主要操作步骤由五个环节构成。

（1）教师精心设置问题链。

（2）学生基于对问题的分析，提出假设。

（3）在教师的引导下，学生对问题进行认证，形成确切概念。

（4）学生通过实例来证明或辨认所获得的概念。

（5）教师引导学生分析思维过程，形成新的认知结构。

教师在教学中运用探究式教学模式，不仅使学生体验数学再创造的思维过程，而且还培养了创新意识和科学精神。目前，这种教学模式在高中阶段的研究性学习和课题学习中广泛使用。由于"研究性学习"作为数学课程的一部分列入正式课表，探究式教学正在迅速发展。

（五）发现式教学模式

发现式教学模式是指学生在教师的指导下，通过阅读、观察、实验、思考、讨论等方式，像数学家那样去发现问题、研究问题，进而解决问题，总结规律，成为知识的发现者。其基本程序是创设情境，分析研究，猜测归纳，验证反思。其显著特点就是注重知识的发生、发展过程，让学生自己发现问题，主动获取知识。这种教学模式有利于体现学生的主体地位和培养学生解决问题的能力，一般适用于新课讲授、解题教学等课堂教学，也可用于课外教学活动。

教师在一些重要的定义、定理、公式、法则等新知识的教学中，让学生去揭露结论的探索过程，并积极为学生创设再发现的机会和条件，使学生在探索发现过程中得到思维能力和创新精神的培养。在课外活动中，可以让学生根据自己已有的知识经验去发现和探索现实生活中的数学问题。

二、当前我国数学教学模式的发展趋势

当前，我国广大数学教育工作者在教学实践中对教学模式进行了大量的探索和研究，呈现出以下趋势。

（一）教学模式的理论基础进一步加强

现代教学模式的心理学色彩越来越浓厚，特别是对建构主义的研究的兴起，以及现代教育心理学的研究成果相对数学哲学观、数学方法论的研究，使数学教学模式得到了很大的发展。

（二）数学教学模式

由"以教师为中心"逐步转向更多的"学生参与"，这种发展趋势主要是受到建构主义学习理论特别是以人的发展为本的教育思想的影响，使得教师与学生在教学中的关系发生了许多变化。但是，学生如何真正参与，而不是只图表面热闹，还需要不断努力研究解决。

（三）现代教育技术成为改变传统教学模式的一个突破口

在现代技术下，不仅教学信息的显现呈现出多媒体化，学生对网络信息择录的个性化得到加强，而且学生面对丰富、友好的人机交互界面，其主体性也得到充分的发挥。

（四）教学模式由单一化趋向多样化和综合化

新的数学教学模式与传统数学教学模式相比尽管有自身的优势，但却不能独占所有的数学教学活动。因此，在数学教学中，提倡多种数学教学模式的互补融合，是实现数学新课程知识与技能、过程与方法、情感态度与价值观目标体系的需要。

（五）探究和发展的数学教学模式将会有一个大的发展

研究性学习列入课程之后，随着"创新教育"的倡导，探究和发展的数学教学模式将会加快发展，迅速推广。

第四章 初中数学教学基本技能

第一节 导入技能

一、导入技能的概念

导入与导言、引言相比,其性质、目的是基本相同的,但导入的内容更丰富、形式更多样。导入是教师在一次教学内容或教学活动开始时,引导学生进入学习的行为方式。

对一次数学课来说,正确、恰当、成功的导入,首先要能集中学生的注意力,引起学生对所学课程的关注,尽快进入学习情境;其次,要能激发学生的学习兴趣,明确学习任务和目的,产生强烈的求知欲望;最后,要能使学生在学习一开始就形成一种良好的学习氛围,为整个教学过程的有效进行创造条件。

二、数学课导入的类型

教学没有固定的形式,一堂课如何开头,也没有固定的方法。由于教育对象不同,教学内容不同,导入的形式可以多种多样。即使同一对象和内容,不同教师也有不同的处理方法。数学教学中导入的形式很多,主要有以下几种。

(一)直接导入

直接导入就是直接阐明学习目的和要求,纲要式地交代本节课的主要内容和重点的导入方法,也称"纲要迎新法"。这种方法的特点是能强化学习的意向性,提高学习的注意力。目标教学法、和谐教学法多用这种导入方法,由投影仪和小黑板等教具完成。

(二)旧知识导入

旧知识导入就是当新旧知识联系较紧密时,用回忆旧知识来自然地导入新知识的方法,亦称"忆旧迎新法"。这种方法既可巩固、复习旧知识,又可把新知识由浅到深、由简单到复杂、由低层到高层地建立在旧知识基础上,有利于新旧知识的联系,促进对新知识的理解。所以这种导入方法在数学教学中广泛应用。

(三)实例导入

实例导入就是通过分析具体实例揭示一般规律的导入方法。相对于"一般"而言,"特殊"的事物往往比较熟悉,简单且直观,更容易被接受和理解。

(四）直观演示导入

直观演示导入就是讲课之前，利用实物、教具（挂图、模型、投影片、幻灯片、电视等），引导学生直观观察、分析，引出新知识的导入方法。采用直观教学，可使抽象的知识具体化、形象化，为学生架起由形象向抽象过渡的桥梁。

（五）趣味导入

趣味导入就是在新课开始时选择与本课内容联系密切的故事、新闻、游戏等导入新课的方法。在数学的发展史上，有许多和教学内容有关的动人故事，在日常生产和生活中，有许多和讲课内容相关的实例，还有许多有趣的数学游戏。用这种方法教师可以把学生的好奇心转化为浓厚的学习兴趣，使学生的思维活动活跃起来。

（六）问题导入

问题导入是教师在教学之始提出一些必须学了新知识之后才能解决的问题，或对某些内容故意制造疑团而成为悬念，使学生产生想要一探究竟的欲望的导入方法。这样的导入使教授内容添上一层神秘的色彩，诱导学生随时注意解开谜团。问题导入也称"设疑迎新法"。

（七）实验导入

实验导入就是通过师生动手实验来揭示某些规律的导入新课的方法。这种方法既可教师做，学生观察思考，也可师生共同做，共同议论。这是一种培养学生动手动脑的好办法。

三、数学课导入的程序和要求

数学课导入的程序为：集中注意—引起兴趣—激发思维—明确目的—进而学习课题。

数学课导入的要求如下。

（一）导入要有明确的目的

导入是为了顺利、自然地进入新知识的学习，所以要根据本课内容选择导入类型和材料。无论是故事导入，还是实验导入，或是问题导入等，都要和本课内容有密切关系，确实能起到"一石激起千层浪"的效果，切不可只是为了引起学生兴趣和好奇而讲一些与本课内容无关的故事或问题等。

（二）导入要有趣味性

学习动机中最活跃的成分是认识兴趣，即求知欲，只有学生对学习内容产生了兴趣，才能产生学习的热情和积极性，学习效率自然会高。

（三）导入要有启发性

现代教学教育观认为，数学教学是数学思维活动的教学。数学课的主要任务之一是发展学生的思维能力，因此数学课的导入要通过教师提供的材料引起学生积极思考，即用富有启发性的导入，引导学生去发现问题，激发学生解决问题的强烈欲望，充分调动学生思维活动的积极性，促进他们更好地学习理解新内容。

（四）导入要考虑语言的艺术性

要想一语惊人，像磁铁一样把学生牢牢地吸引住，使学生尽快进入"角色"，这就需要教师讲究导入的语言艺术。既要考虑到语言的科学性、准确性和思想性，还要考虑可接受性。教师创设情境时，语言应该富有感染力，既要条理清楚，又要娓娓动听，形象感人；直观演示时，语言应该通俗易懂，富有启发性；旧知识导入时，语言应该清楚明白，准确严密，逻辑性强。

总之，无论采用哪种导入方法，教学语言要求确切、精练，有画龙点睛之妙；教学语言应该朴实，通俗易懂，实事求是；教学语言还要生动活泼，饶有风趣，富有幽默感。

第二节 讲解技能

一、讲解技能的概念

讲解也称讲授，是教师用语言向学生传授数学知识的教学方式，也是教师用语言启发学生数学思维、交流思想、表达情感的教学行为。

在教学中，对下面的一些问题适于使用讲解技能：事实性知识的传授，如：无理数发现的历史事实；某一数学知识和方法的综合、概括、总结；某一数学知识应用的引导、定向；对定义、定理的内涵，外延的引导性分析；对定理、例证的证前分析，证后总结；解题的揭示与指导；组织学生讨论自学的要求和最后的总结；对数学问题的板书、投影、录像、计算机演示、实验等的讲解说明的揭示及分析；与其他教学技能相配合的说明等。数学课堂讲解有如下几方面的作用。

（一）传授知识

讲解的首要任务是传授知识，引导学生在原有的认知结构基础上，了解、理解并进一步掌握新知识。

（二）启发思维

通过讲解，引导学生进行数学思考，使学生明确、认识获得新知识的思维方法和探讨方法，提高学生对数学的认知能力。

（三）激发兴趣

结合数学教学内容，通过讲解技能培养学生良好的个性品质。学生正确的学习目的，浓厚的学习兴趣，顽强的学习毅力，实事求是的科学态度，独立思考、勇于创新的精神和良好的学习习惯，常常通过教师讲解技能的发挥而得到培养。

二、讲解的类型

数学课堂讲解大致可分为以下四种类型。

（一）解释型讲解

解释型讲解一般用于概念的定义、题目的分析、公式的说明、符号的翻译等。

（二）描述型讲解

描述型讲解主要用于抽象概念的描述，例如，点、线、面的描述，数列的极限、无穷小、无穷大的描述等。

（三）归纳型讲解

这种讲解主要用于命题、定理、法则、公式的获得和定理的证明。这是数学课堂讲解的主要形式之一，它一般是从提供具体事例入手，对具体事例进行观察、比较、分析，然后归纳出一般结论。

（四）演绎型讲解

这种讲解主要用于根据一般原理，推出特殊结论的推理分析，是数学课堂讲解的主要形式。

三、讲解技能的构成要素

讲解技能的构成要素是一些典型的课堂讲解教学行为，这些典型的教学行为是在理论的指导下，经过实践验证概括提炼出来的，对于实现教学功能是有效的和充分必要的。讲解技能由"讲解结构""讲解语言""使用例证""进行强调""形成连接""获得反馈"六项典型教学行为要素构成。这六项技能要素反映了为圆满有效地完成讲解任务，实现教学功能而必须做好的关键成分。

（一）讲解结构

讲解的结构是教师在分析学生情况和教学内容的基础上，对讲解过程次序的安排。这个技能要素是整个讲解教学活动成功的基本保证。一个事物的结构由构成该事物的关键因素和这些因素之间的关系组成。讲解的结构是将讲解的总任务分解为若干个关键部分，每一部分都有一个明确的阶段性目标，并根据各部分讲解内容之间的逻辑意义和学生认识过程的规律，将各部分讲解内容安排成一个序列，并在讲解实施中正确清晰地表现这个序列。

（二）讲解语言

讲解的实质是通过语言对知识进行剖析和揭示，展示其成分和发展过程，揭示其成分的内在联系。语言技能是讲解的一个基本条件，语言是思维的"外衣"，数学课堂上这个"外衣"要美，要得体，要和谐。使用语言的质量和方法，直接关系到信息接收的质量，更重要的是关系到学生将接收到的信息在头脑中加工的速度和质量。

（三）使用例证

数学知识是抽象的，数学思维是一种高度抽象的思维。举例说明是进行学习迁移的重要手段，例证将熟悉的经验与新知识联系起来，是启发理解的有效方法。使用例证要注意以下几个问题。

1. 举例内容恰当

所举例证的内容要正确反映数学内容中的概念原理。

2. 例证要适合学生的认识水平

例证应是教学内容所涉及的一类事物中的典型事例，即概念规律的本质因素或稳定联系在例证中的表现形式是比较鲜明的，便于学生分析概括，符合学生的经验和兴趣。如果例证不易理解，例证所反映出来的问题不是单一的，就不易达到通过例证讲清数学事实的目的，甚至适得其反。

3. 要注重对例证进行分析

例证不在于多，而应对例证与原理之间的关系分析透彻，这样才能使学生举一反三。如果例证和所讲数学问题之间的关系，在学生思维中并不明确，那么这种讲解就不起作用。

4. 正确使用正面例证和反面例证

学生容易从正面例证中获得新概念、新规律，在没有形成正确理解之前，对反面例证的否定是比较困难的，所以在引入新知识时，正、反面例证交叉使用容易造成混乱。在初步理解了新知识后，再使用反面例证可使学生加深理解。

5. 其他例证与讲解

（1）相似的例证。这就是以熟悉例证的研究方法，引导出对新知识的研究方法。这也是一种类比推理的方法，它是创造、发现的重要手段，对学生创造性思维的培养很有帮助。

（2）能引起学生有意注意的例证。这样的例证很多，如：有关数学史的故事、数学家的贡献及勤奋学习的故事、我国数学界的成就、数学美、数学思想方法等。

（四）进行强调

强调是成功讲解的一个核心成分。强调将重要的关键信息从背景信息中突出出来，减少次要因素的干扰，有利于学生形成正确的认知结构。

新的数学知识结构中的主要因素及它们之间的关系，新知识与旧知识的关系，各种数学方法、数学思想，学生在学习中并不一定了解，数学教学中教师必须采用各种教学技能进行强调，也包括使用讲解语言进行强调。强调应注意强调重点、强调关键、强调数学思想方法、强调数学学习方法等。

（五）形成连接

讲解结构中的系列化关键问题和相应的阶段性目标之间不是彼此孤立的，它们不仅有时间顺序，而且还有逻辑意义的联系。"形成连接"就是要将讲解中各部分之间逻辑意义的联系交代清楚。在讲解中，要仔细安排各种不同因素的先后次序，选择恰当的起连接作用的讲解说明词语，用以讲解、论证这些因素的关系，使讲解成为连贯、完整、系统的对某数学对象的阐述。

（六）获得反馈

讲解由于主要是教师讲学生听，讲解中新教师往往忽视学生的反应，只考虑按自己的感觉讲。结果很可能使讲解进程与学生的理解不同步，讲解缺乏针对性和交互性。教师的讲解应在学生认识水平的稍高处进行，对学生有引导作用。新知识的讲解，学生是否清楚，学生学得如何，教师时时刻刻都要清楚。教师及时了解学生的反馈，这对讲解技能的使用至关重要。反馈过程中要注意通过眼光和表情、提问和发问的反馈进行调控。

四、讲解技能的程序和要求

解释型和描述型讲解的程序为：叙述内容—提示要点—核查理解。

归纳型讲解的程序为：提供材料—指导分析—综合概括—巩固深化。

演绎型讲解的程序为：提出问题—分析探求—提供证据—得出结论。

数学课程讲解有以下几点要求。

（一）恰当运用教学语言

讲解主要靠口头语言，因此要注意语言的运用。在进行讲解时要充分考虑教学语言技能的语速、词汇、语调、节奏等多方面要素。语言表达要清晰、准确、生动、幽默，具有吸引力和感染力。

（二）了解学生

教学中讲解的有效性，在很大程度上有赖于对学生思维水平、认知结构和思想准备状态的了解。在准备讲课时，应了解学生以下几方面的特点：年龄、性别、数学认知结构、认知能力和习惯、兴趣方向和水平、可能影响教学的其他背景和经历等。只有充分了解学生，讲解才能切合学生。

（三）讲解要有科学性

讲解的科学性包括三方面：一是内容科学，引用的定理、法则必须是经过检验的科学真理；二是态度科学，必须坚持实事求是的态度，引用的事实必须真实可靠，有典型性和代表性；三是方法科学，讲解的思路必须符合逻辑规则和运算规则。

（四）讲解要有针对性

讲解的详略、深浅要依教学对象的不同而有所区别。学生容易理解的可少讲或略讲，难以理解的就要详讲或反复强调。为了达到预定的教学目的，教师在讲解时必须仔细斟酌，突出重点、难点，遇到重点、难点，要注意讲解方法和效果，要加以揭示和停顿，有时还应分步骤展现层次性。

（五）注意与其他教学技能配合使用

为了达到最佳的教学效果，应将组织技能、板书技能、提问技能等灵活地穿插在讲解之中，并根据教学内容合理组合，适当调配，使学生加深理解和记忆，更牢固地掌握知识。

（六）讲解要机动灵活

课堂讲解要随学生的反应随时进行调整，不可死搬课堂教案。在整个教学过程中要注意不断变换讲解手法，实现多种讲解方式的最佳配合。

第三节 课堂组织技能

一、课堂组织的意义

为了保证课堂教学的顺利进行，教师在课堂教学中需要不断地唤起学生的注意力，指导学生学习，管理课堂纪律，建立和谐的教学环境。教师在这一系列的活动中所运用的技能，就是课堂组织技能。这个技能是课堂教学的"支点"，是使整个课堂教学得以顺利进行的重要保证。它不仅直接影响着整个课堂教学的效果，而且与学生思想、感情、智力的发展有密切的关系。具体来讲，课堂组织有以下五个方面的作用。

（一）维持学生的注意力

中小学生注意力的特点是，情绪易兴奋，注意力不稳定，容易产生"分心"现象。为了有效地组织学生的学习，教师必须重视随时唤起学生的注意力。

（二）引起学生的兴趣

课堂教学中学生是否有学习兴趣，将直接影响着学生的课堂学习。采用多种教学组织形式是激发学生兴趣的必要条件。在教学中，教师根据学科特点、知识特点和学生特点，采用不同的教学组织形式，能够调动学生学习的积极性，使他们情趣盎然地参与学习。

（三）增强学生的自信心和进取心

在课堂秩序的管理方面，不同的组织方法在学生的思想、情感等方面会产生不同的后果。当学生出现课堂纪律问题时，是斥责、罚站、加大作业量等给予惩罚，还是分析原因，启发诱导，实事求是、合情合理地进行解决，对学生的当前和长远发展都会产生不同的影响。如果惩罚不当，就会增加他们的失败感和自卑感，对教师产生反感，而挫伤他们的积极性。

（四）帮助学生形成良好的行为习惯

良好的课堂秩序，要靠师生的共同努力才能建立。但有时中小学生的行为不符合学校或社会对他们的要求，这时就需要教师在讲解道理的同时，用规章制度所确立的标准来指导和约束他们，使他们逐渐懂得什么是好的行为，为什么要有好的行为，以养成良好的习惯，形成自觉的纪律。帮助学生实现自我管理是课堂组织的重要方面之一。

（五）创造良好的课堂气氛

课堂气氛是整个班级在课堂上情绪和情感状态的表现，只有积极的课堂气氛才符合学生求知欲旺盛的心理特点。从教学的角度来看，生动活泼的课堂气氛，会使学生的大脑皮层处于兴奋状态，易于全身心地投入学习，更好地接受知识，并且能够使所学知识掌握牢固。

二、课堂组织的类型

我国课堂组织主要有下列类型。

（一）管理性组织

管理性组织是指课堂纪律的管理，其作用是使教学能在一种有秩序的环境中进行。课堂是学习场所，既要使学生生动活泼地进行学习，又要有纪律作为保障。因此，教师在进行课堂管理时，既要不断启发诱导，又要不断地纠正某些学生的不良行为，以保证课堂教学的顺利进行。

1. 课堂秩序的管理

在课堂上可能会出现学生迟到、看课外书、做其他功课、交头接耳、东张西望、吃零食等行为。要解决这些问题，管理好课堂秩序，教师不能简单地进行批评和训斥，而是首先必须从关心、爱护学生出发，了解他们的问题，倾听他们的心声，和他们交朋友。然后对症下药地提出要求，用课堂纪律约束他们。只有这样，他们才能心悦诚服地听从教师的指导。

2. 个别学生问题的管理

无论课堂规则制订得多么切合实际，教师多么苦口婆心地诱导、教育，个别学生总会出现一些问题。我们应该认识到，个别学生的不良行为，大多数不是他们道德观念上的问题，一般是出于好奇，或不正常心理的表现。教师应当创造一种互相信任、亲切、自然的气氛，在没有抵触、厌恶的情况下，对他们施加教育影响。

（二）指导性组织

1. 对阅读、观察的指导组织

阅读、观察是学生进行学习的一种方法。如何使学生迅速投入这种学习并掌握这种学习方法，需要教师在课堂上不断地进行指导。

阅读在文科教学中经常出现，近年来，在理科教学中也受到了重视。学生在没有掌握方法之前，常常是从头读到尾，把握不住重点。教师若利用阅读提纲或提出问题的方式加以指导，使学生学会读，读有所得，就能逐步提高阅读兴趣和能力。

2. 对课堂讨论的指导组织

讨论是一种有计划、有组织、学生积极参与的独特的教学方式。当一个数学问题具有争论性和有多种答案时，运用讨论的方法是最适合的。讨论的方式，可根据讨论目的、班级大小和学生能力等，采取多种形式，主要有全班讨论、小组讨论、专题讨论和辩论式讨论四种。

3. 诱导性组织

诱导性组织是在教学过程中，教师用充满感情的、亲切、热情的语言引导，鼓励学生参与教学过程，用生动有趣、富有启发性的语言引导学生积极思考，形成良好的课堂气氛，从而使学生顺利完成学习任务。良好的课堂气氛是提高课堂教学效率的重要条件之一，它能使学生产生积极的从众心理，投入到课堂的学习之中。良好的课堂气氛应具有以下特征：既恬静又活跃，既热烈又凝重。要形成良好的课堂气氛，应做到以下几点：建立良好的师生关系；热情鼓励学生；设疑激发等。

三、课堂组织应遵循的原则

（一）明确目的，教书育人

教书育人是课堂组织的重要任务。课堂组织可以使教师的教学和学生的学习得以顺利进行；通过课堂组织，应使学生明确学习目的，热爱科学知识，形成良好的行为习惯。在教学中教师科学地进行课堂组织不仅会影响到学生的纪律行为，而且会影响到他们的学习态度。

（二）了解学生，尊重学生

每个学生都有自己的兴趣、爱好和个性特点，在课堂上只有了解学生，才能根据每个学生的不同特点，用不同的方法进行组织管理。如对于不善于控制自己的学生，要多督促与指导，帮助他们学会管理自己。在对学生进行管理时，要尊重他们的人格，坚持正面鼓励为主，激发积极因素，克服消极因素。

（三）灵活应变，因势利导

教学机智是指教师在教学活动中对发生的意外情况迅速做出反应，及时采取恰当措施的技能。这种技能主要体现在应变能力，即能因势利导，把不利于课堂教学的学生行为引导到有利于教学方面来，恰到好处地处理个别学生问题，或根据实际情况，灵活地运用多种形式和方法，有针对性地进行教学。

（四）不急不躁，沉着冷静

遇事不急不躁是教师应具备的一种心理品质。它是以对学生的热爱、尊重与理解及高度的责任感为基础的。只有这样，教师才能公正地对待每一个学生，尊重和维护学生的自尊心，耐心地引导他们进行学习。处理问题时，随时意识到自己对社会、对学生所承担的责任，考虑自己行为的后果，从教育的根本利益和目标出发，处理好面临的各种复杂问题。

四、怎样对待学生的课堂分心

在课堂上常常会出现学生分心的现象，分心直接影响学生的课堂学习，影响教学效果，教师应该把克服学生的分心作为课堂组织的一个重要方面。

（一）引起学生课堂分心的原因

1. 学生自身的主观原因

注意力的稳定性差；主体对群体的态度不明确；主体对客体的期待产生干扰；表象的干扰；身体不适等。

2. 客观原因

来自外部的强烈刺激；来自教师方面的原因。

(二) 克服学生课堂分心的对策

(1) 要避免和克服外部的干扰，努力创造一个安静舒适的学习环境。教室布置要适当，尤其是教室的前方不要过多地装饰；教师的服装应朴素、端庄、大方；教学挂图、教具要在适当的时机出示给学生，用后要收藏起来。

(2) 培养学生的学习兴趣和意志品质。只有学生对学习感兴趣，课堂上才有可能保持注意力的高度集中，为此要加强学习目的的教育。

(3) 教师在教学中教学语言要有感染力，富有启发性，教学方法要灵活多样，态度要和蔼可亲，以吸引学生的注意力。

(4) 教师要不断培养自己分配注意力的能力。教师一方面讲课，一方面还要注意学生是否在听，不断组织教学，做到"眼观六路，耳听八方"。

(5) 教师要善于组织、调动、控制学生的注意力。

(6) 教师要保持与学生的良好关系，使学生感到亲切，成为知心朋友。

(7) 教师要加强自身的业务素质，在学生中树立自己的威信。

五、怎样处理课堂上的偶发事件

课堂上的偶发事件是教师在课堂教学中经常遇到的，处理这种事件也是课堂组织的一个方面。

(一) 处理偶发事件的基本要求

1. 充分认识并挖掘出偶发事件中的积极因素

偶发事件也有恶性和良性之分，并非全是坏的。良性的是指那些产生动机是良好的，能用来为教学服务的。

2. 冷静沉着，理智耐心

偶发事件往往出乎教师意料，要处理好偶发事件，就要求教师在偶发事件发生时能冷静沉着，避免感情用事。

(二) 处理偶发事件的方法

总的来说，处理偶发事件要求教师要有教育机智。

1. 因势利导，调和情绪

当思维朝着一定方向进行时，要它立即改变方向，那是不容易的，只有充分引导它才能向另一方向进行。处理偶发事件就应该从偶发事件本身的积极因素出发，调和好学生的注意力和兴奋情绪，因势利导，使学生"移情"于教学。

2. 巧设疑难，变退为进

偶发事件中有许多是这样的：课堂上，学生忽然提出一些难题或怪题，或教师忽然遗忘了某些问题该如何解答等。遇到这类情况，教师可以不必急于回答，而是巧妙地反问学生，把问题抛给学生思考，最后再综合学生的解答而得出结论。

3. 幽默圆场，自嘲解脱

当偶发事件发生，课堂上出现僵局时，教师的幽默语言能起到很好的缓和气氛的作用。

4. 自然转移，巧妙回避

偶发事件中有这么一种情况：学生在课堂上会连续提出一些与教学联系不大或毫无联系的问题，教师如果对学生所提问题一一作答，往往影响正常教学。这时，教师应该掌握主动权，待机自然地转移话题，引发于教学上。有时学生提出的怪问题，正面回答很难讲清楚，或者没有必要讲清楚，这时可以巧妙地回避话锋，转移话题。

第四节 提问技能

我国古代的教学中已普遍运用了问答的方法和技能，尤其是孔子，最善提问与应答。到目前为止，提问仍然被广泛地运用在教学活动中。教学实践也表明，提问的运用与否及效果的好坏，往往直接影响着教学的效果。所以，作为中小学教师应该熟练地掌握提问的技能。

一、提问在教学中的作用

（一）提问是课堂教学中师生思想信息交流的重要手段

教学是一种双边活动过程，教学双方必须随时进行信息交流，才能对教学实行有效的控制，而提问就是最直接最主要的信息交流方式。从教师的角度讲，通过提问可以发现学生对教学内容的理解掌握程度，了解自己教学中存在的问题，以便使教学更有的放矢，从学生的角度讲，则可以从教师的提问中检查自己的学习活动。因此，提问是师生双方相互沟通、克服盲目性、协调教学活动的重要手段。

（二）提问能起到吸引学生注意力的提醒作用

在教学活动中，如果单纯运用讲授，时间长了，一些学生的注意力就容易分散，教师不能仅靠课堂纪律来维持学生的注意力，而可利用课堂提问来集中学生的注意力。

（三）通过提问可以充分观察和启发学生的思维

课堂上如果只有教师单方面的讲，学生只是单方面地听，那么他们的思维就不会被积极地调动起来。通过适当的提问，才可以充分观察学生的思维状况，启发学生的思维活动。

另外，通过提问，还可激发学习的兴趣，活跃课堂的气氛，培养学生的口头表达能力等。

二、提问的类型

在教学中，需要学生学习的知识是多种多样的，有事实、现象、过程、原理、概念等，对这些知识有的需要记忆，有的需要理解，有的又需要分析和综合。学生的思维方式也有不同的形式和水平。这就要求教学中所提问题不能千篇一律，应包括多种类型。

（一）回忆提问

（1）要求回答"是"与"否"的提问，或称二择一提问。这类问题比较简单，要求学生根据记忆，对教师的提问做出迅速的反应。

（2）要求回答单词、词组或系列句子的回忆问题。

（二）理解提问

（1）一般理解。要求学生用自己的话对概念、原理、方法、性质等进行描述。例如：你能说出椭圆的几何性质吗？

（2）深入理解。让学生用自己的话讲述问题的关键，以便了解他是否抓住了问题的实质。例如：你能根据公差的取值情况，对等差数列进行分类吗？

（3）对比理解。对事实、事件进行对比，区别其本质的不同，达到更深入的理解。例如：你能说出双曲线和抛物线的区别吗？

（三）运用提问

运用提问是建立一个简单的问题情境，让学生运用新获得的知识和回忆过去所学过的知识来解决新问题，许多数学问题和概念教学常用这类的提问。在数学教学中，提问还常被用来让学生分辨事物的形态与结构。

（四）分析提问

分析提问是要求学生识别条件与原因，或者找出条件之间、原因与结果之间的关系。由于所有的高级认识提问不具有现成的答案，所以学生仅靠阅读课本或记住教师所提供的材料是无法回答的。这就要求学生能组织自己的思想，寻找原因，进行解释和鉴别，进行一定的思维活动。

（五）综合提问

这类问题的作用是激发学生的想象力和创造力，要想对综合提问做出回答，学生需要在脑海中迅速地检索与问题有关的知识，对这些知识进行分析得出新的结论，这样有利于培养学生分析问题和解决问题的能力。

（1）综合分析。要求学生对已有材料进行分析，从分析中得出结论。

（2）推理想象。要求学生根据已有的事实进行推理，想象可能的结论。

（六）评价提问

评价提问主要包括：评价他人观点、判断方法优劣和判断思维价值。例如，你认为数学归纳法就是单纯的归纳法吗？为什么？

三、提问的场合

（一）导入提问

导入提问就是在课堂教学开始时，从复习旧知识引入新知识的引导式提问，目的是集中学生的注意力，使学生的听和教师的讲保持一致。

（二）过渡提问

过渡提问是在变换讲授主题时，从旧主题转入新主题的过渡性的提问，目的是启发学生掌握知识及其内在的联系。

（三）步步深入提问

这种提问常用在课堂讨论中，教师围绕讨论主题，步步深入地提出问题，目的是使学生从局部的认识发展为完整的认识。

（四）纵横联系提问

讲授新知识时，为了启发学生的思维，常常从纵的联系和横的对比方面提问，其目的是使学生运用知识之间的联系，看到事物的本质，从而掌握解决问题的关键。

（五）总结提问

在课堂教学结束时，要进行巩固新知识的总结提问，目的是指导学生进行有效的练习，使学生自觉地、正确地运用知识去解决问题。

（六）辨析提问

在放映幻灯片、录像时，需要进行辨析声像的提问，目的是使学生将感性认识上升为理性认识。

四、提问的过程

在教学过程中，一个完整的提问过程一般包括设问引入、诱发介入和解答评核三个阶段。

（一）设问引入阶段

此阶段是教师用一定的方式，使学生在心理上对其提问有所准备，用清晰的语言提出问题，引导学生做最初的反应。在设问引入阶段应注意以下几点：问题的表达应清晰连贯，速度适当；提出问题后，要有必要的停顿等。

（二）诱发介入阶段

这个阶段主要是解决在提问过程中，教师如何组织学生积极地参与回答活动。这个阶段主要应注意以下方面的问题。

1. 指导与分配

为了调动每一个学生学习的积极性，让他们主动参与教学过程，首先，教师必须细心观察班级里谁在积极参与活动，谁对参与活动不感兴趣，对不愿参与的要调动其积极性。其次，对于不善于表达思想的学生要给予锻炼的机会；对于学习不好的学生让他们先回答比较简单的问题，不断地给予鼓励和帮助，使他们逐渐地赶上去。最后，要特别注意坐在教室后面和两边的学生，这些区域常被教师忽视。

要想使问题得到合理的分配，教师还必须学会控制学生的回答。对于不愿意参加交流的学生，在提问时应将注意力投向他们，即有所指向地望着某个学生，但并不一定让他回答问题，主要是促使其对问题进行思考。另外，还要注意不要随便接受乱喊出来的回答。

指导是针对不愿参加交流的学生进行的。在进行课堂提问时，总有一些学生不愿参加讨论，这时教师可以提出一些没有困难的指导性问题，引导他们参加活动。

2. 提示

提示是由为帮助学生而给出的一系列暗示所组成的。当回答不完整或有错误时，为了使回答完整和正确，就需要提示。提示的目的主要是使学生的回答有重点，指示回答问题的方向，帮助表达困难的学生。提示是为了引起学生的思考，更好地回答问题，但处理不好会变成一问一答的僵硬提问，这是应该避免的。

（三）解答评核阶段

这个阶段是教师以不同的方法处理学生的答案，包括检查学生的答案是否正确，重复学生答案的要点，对学生所答内容加以评论，更正学生的错误回答等。这个阶段，教师应注意以下几点。

（1）及时性。即教师对每一位学生的回答要进行及时的评价，以便学生迅速纠正自己的错误。

（2）准确性。教师应针对不同的反馈信息，提供正确答案，切忌评价笼统。

（3）启发性。在学生总是不正确时不可操之过急，应帮助学生分析错在哪里，启发学生寻找答案，养成良好的思维习惯。

（4）艺术性。即当学生对所提问题不能回答或十分窘迫时，教师应善于消除学生的恐惧心理，引导学生打开思路。

五、提问的基本形式

（一）独答式

独答式提问即由一个学生一答到底或教师自问自答。这种形式可通过"一对一"的回答转化为"一对几十"的效果，节约教学的时间。但由于绝大部分学生没有回答的机会，而容易松懈思维活动。

（二）群答式

群答式提问即教师让学生齐声回答一些较简单的问题，教师凭自己对回答声音的响度、杂度等来判断学生对知识的掌握情况。这种形式操作较简单方便，但教师不易准确地获得反馈的信息。

（三）补充式

补充式提问即一个学生回答之后，由另一学生补充回答前一学生的遗漏部分或指出其失误之处。这种形式比较紧凑，思维定向，时间利用率高，有利于学生思维的扩展和深化。不足是有时学生的语言来不及整理，出现语言零乱、不完整的现象。

（四）追问式

追问式提问即教师迫使学生去寻根究底，引导学生拓展思路。这种提问方式，使教师可以比较准确地把握学生的思路，培养学生应变能力和良好的思维品质。

（五）争辩式

争辩式提问即教师提出问题后由学生进行分组讨论或小组辩论，通过争辩深化对某一问题的理解，加深对问题的巩固掌握。

（六）发散式

发散式提问即教师提出的问题没有确定的答案或有多种答案，这就可使学生在回答时思维不受约束，可从不同侧面、多层次、多角度地对问题进行思考，提高学生发散思维的能力。

六、提问的基本要求

为了正确使用课堂提问技能，应注意以下问题。

（一）提问要有明确的目的

教师在实施课堂提问时，首先应明确，提问的目的是为了激发学生的学习兴趣，调动学生积极的思维活动，帮助学生深入理解教材内容等。所以，提问力求少而精。凡是没有意义的问题，一律不问。

（二）提问的内容要有价值

并不是所有的教学内容都需要设计成问题来提问学生。提问的内容一定要根据教学的需要，要紧紧围绕着教学目的，从教材内容的重点、难点、关键点出发，抓住主要矛盾，有针对性地提出一些过渡性问题，引发学生思考。

（三）提问的难易应适度

提问要从学生的认识实际与知识水平出发，所提问题要适中。所提问题过难，超越了学生的实际水平，学生无法思索，不能回答，起不到调动学生积极思维、激发学生兴趣的作用，还会延误时间，影响进度，最终还得教师"唱独角戏"。所提问题过易，学生不需努力思考就能回答，也无助于锻炼学生的思维能力，还会把教材内容搞得支离破碎，课堂上形成师生间的简单问答，久而久之，学生会养成对知识浅尝辄止、懒于动脑的不良习惯。衡量难易是否适中的标志是，所提问题要使多数学生能"跳一跳，摘到桃子"，即多数学生经过思考或在教师的启发下能够回答得出来。

（四）提问的方式应灵活

由于每堂课的类型不同，教学内容和目的要求不同，教学对象不同，提问的方式也应各异。就是同类型、同内容、学生程度也相似的教学，由不同教师执教，由于教学风格的差异，提问的方式也会有区别。比如从类型看，有检查预习性的提问，多根据布置的预习思考题进行简要的提问，目的仅仅在于了解学生的预习效果，使教师讲授时心中有数，不必一一求得正确完整的答案；有复习、巩固性的问题，目的在于引导学生回忆、整理已学的旧知识，加深理解，牢固记忆。在日常教学中，教师用得最经常的还是讲授新课的提问。这类课堂提问，要依据教材内容和学生特点设计。在这方面，各地优秀教师已摸索出了多种行之有效的方式。如牵引式、层次式、寻疑式、变换式等。

（五）发问的时机应得当

孔子"不愤不启，不悱不发"，就是讲启发的时机。他主张只在学生百思不得其解、着急却束手无策的时候，教师才用巧妙的提问，给学生指出思维的方向和寻找答案的途径。实践证明，在学生注意力集中，积极开展思维活动时进行提问效果最好。

（六）提问中要认真听答

由于学生的情况千差万别，所以回答也必然五花八门。但不论学生回答状况如何，教师都必须以耐心、诚恳的态度听取学生的回答，给以公正恰当的评价。特别是对学习较差和不善于讲话的学生应该给以鼓励，决不应在学生回答问题时，漫不经心，对学生讽刺、挖苦等。

（七）提问中应注意的问题

(1) 提问中应避免先点人，后提问题，问题应面向全体学生提出。

(2) 要避免惩罚性提问。

(3) 提问时的态度应亲切、和蔼，尤其是对学习落后的和不善于发言的学生。

(4) 应尽量少用满堂提问、齐声回答的方式。

第五节 教学语言技能

一、教学语言的含义和形成

（一）教学语言的含义

人们一般认为教师在课堂上使用的语言就是教学语言。虽然这样说并不错，但是如果把教学语言仅仅作为一个科学的概念加以考察是不够的。准确地说，教学语言是教师在课堂上为了达到预定的教学目的，依据规定的材料，在限定的时间内，引导学生学习知识，提高道德修养，掌握技能的过程中所使用的职业性语言。

（二）教学语言的形成

教师的教学语言，不是单纯的口头语言，也不是单纯的书面语言，而是一种以口头语言为主、多种语言形式并用的特殊的语言形式。其形成大体经过以下三个阶段。

1. 从教材语言向教案语言转化

教学语言的主要来源是教材语言，即课程标准、教科书以及教学参考书中的语言。把教材语言转化为教案语言，是教师教学语言转化的第一阶段。

从教材语言到教案语言的转化绝不是教材内容的简单"搬家"，而是要在充分钻研教材的基础上，真正把教材语言加以同化，纳入自己的语言系统，并在此基础上加工组合形成教案语言。这个过程大体要做三方面的工作：一是寻找语言的吻合口径，使教案语言既适应于教学内容的要求，又适应于学生的特点；二是对教材语言进行增、减、删、改；三是进一步对文字进行加工，形成教案语言。

2. 从教案语言向预备性教学语言转化

在这个阶段，教师要对教案语言进行默讲（熟悉教案）和修改补充，实际上是对教案语言进行深刻理解和语言转换的过程。教师要以想象中的学生为对象，以内部语言活动为主要形式，以逻辑推理为主要方法，对教案语言进行转化，从而在教师大脑中形成和巩固起一种具有自己独特风格的新的语言形式。这种在大脑中形成而又未向学生正式讲授的语言形式就是预备性教学语言。这个阶段主要应解决的问题有：排除障碍，形成语势；调整语序；语言的延伸和扩充。

3. 从预备性教学语言向课堂教学语言转化

这个阶段的主要矛盾是课堂实际情境与预备性教学语言之间的矛盾。因为课堂教学中有些情况往往是在教师预料之外的，所以，这个阶段主要应注意准确反馈，及时调整；把握教学语言的"度"，保证教学语言的有效性，运用多种语言形式，提高教学语言的效果。

二、教学语言在教学中的作用

（一）教学语言是教师进行教学的最主要的工具

在教学过程中教师要使用多种手段来进行教学。现代科学的发展，为教学提供了多种设备，如投影仪、幻灯机、计算机、电视机等。但是，不论利用什么现代化的教学设备，教学语言始终是教师进行教学的最重要、最基本的工具。教师在课堂上组织教学，阐述观点，说明原理，提出问题，启发学生讨论、研究，以及分析、综合、总结，都要凭借语言进行，无论什么现代化的设备都不能完全代替教学语言的作用。教学语言永远是教师传递知识信息，引导学生观察、思考、想象的主要媒介。

（二）教学语言的使用水平影响着教学效果

教学实践证明，教师的知识修养达到了通晓教材并具有相应的知识储备的高度，他就能掌握教材的重点、难点，他就有了从事教学工作的基本条件。但是要获得理想的教学效果，他还必须具有良好的口头表达能力，也就是一定的运用教学语言的能力。有的教师知识相当渊博，但教学的效果一般，甚至很差，而有的教师知识水平并不见得多高，但是教学效果却比较好，原因往往在于他们使用教学语言的水平不一样。

教学语言怎样影响着教学效果呢，在此介绍三个主要方面。

1. 教学语言的清晰度影响着教学效果

教学语言是否清晰、正确，明白易懂，直接影响着教学效果。教学语言清晰明白，它输送给学生的信息就很容易被接受；反之，学生就不可能顺利地接受信息。不清晰的语言是学生学习新知识的障碍。

2. 教学语言的严密度影响着教学效果

知识本身是具有严密科学体系的，阐述知识的教学语言也必须具有严密的逻辑性，才能帮助学生掌握系统的科学知识，起到训练学生的思维能力的作用。

3. 教学语言的动听度影响着教学效果

有的教师的教学语言虽然能够达到正确、明白的要求，但是词汇贫乏，语调缺乏变化，叙述过于平淡，时间长了学生就会产生抑制反应，进入睡眠状态，同样影响学习效果。反之，如果教师能够根据不同的教学内容，使教学语言具有不同的节奏和感情色彩，就会使学生振奋起来。

三、教学语言的课堂运用技巧

（一）发音的技巧

有一些教师不注意运用发音技巧，有的吐字不清、鼻音太浓，有的声如雷鸣，有的声如蚊吟……结果影响了教学的效果。教师在教学中，运用语言一定要注意研究一些发音的基本技巧。

1. 用好呼吸

人们说话的声音是由呼出的气流通过声带，引起声带的振动并和喉腔、口腔、鼻腔、胸腔等发生共鸣而产生的。科学的呼吸、充足的气流对音色的改善起着关键的作用。平时呼吸，一般只扩展胸部，为了吸入更多的气流，可以采用胸腹呼吸法。这样既可以节约气流，又可以减轻嗓子的疲劳。

2. 正确使用"共鸣腔"

要使声音集中、圆润、动听，除了用好呼吸外，还要正确使用"共鸣腔"——胸腔、口腔、鼻腔、咽腔。圆润动听的声音是这些共鸣腔协调作用的结果。讲课的声音一般要求洪亮，这就必须做到胸部端正，口腔张圆，使声音达到口腔上部的中间，鼻孔微微张开，使声音集中到一个点上。只有这样，发出的声音才能动听、响亮、纯正。

3. 确定最适宜的发音区

生活语言的音域通常在一个八度左右。在这个适宜的发音区内说话，人们会感到舒适自然，如果超出这个范围，就会感到吃力。所以教师上课时，既不能把调子定得太高，使人产生声嘶力竭的感觉，也不能定得太低，使学生听不清楚。教师要找到最适宜自己的发音区。

（二）调整语调的技巧

1. 音量和语速应适当

音量指声音的大小。课堂语音的音量，最好是在教室里安静的情况下，坐在最后一排的学生也能够听清楚。语速是指讲话的速度。课堂口语的速度以每分钟 180 字左右为宜，过快过慢都会影响听课的效果。

2. 音量、音速要高低变化，快慢交错

音量和音速应适当，并不是说一堂课音速和音量自始至终一成不变，而应根据需要在一定的范围内适当变化。讲课的音量、音速只有高低变化，错落有致，才能使学生声声入耳，提高听课的精神。

四、教学语言技能的要求

（一）科学性

教学语言的科学性是指教学语言要做到规范、准确、清晰、合乎逻辑。要求教师在教学时首先要运用普通话，普通话是教师教学语言的最基本要求，它也是保证语言清晰的一个重要条件。教学语言必须准确表述教学中的概念、原理等，不能似是而非，更不能出现错误。

（二）教育性

教学活动永远具有教育性，教师的教学语言也应该具有教育性。教学语言的教育性首先要求教师在运用语言时要文雅、纯洁，不应说粗话、野话、脏话；对学生教育时应尊重学生，不用语言讽刺、挖苦，更不能谩骂学生。其次，要使教学语言富有哲理性，通过哲理性的语言，启发学生思考，引起学生反思，从而教育学生。

（三）针对性

教学语言的针对性主要指两个方面。一是教学语言要针对教学内容的实际，不同的教学内容，教学语言的运用是有差别的。比如一般的教学内容，教学语言为叙述性的语言，语速就可以适当地快一些；如果讲的是重要的概念、原理，教学语言就应是解释、说明性的语言，语速就应当慢一些。二是教学语言要针对学生的实际，所运用的语言要适应学生的年龄特点和知识水平。

（四）生动性

生动性的语言首先要求语言的形式要做到抑扬顿挫，富有节奏。教师可根据教学的需要，语言有高有低，有快有慢，抑扬起伏，错落有致。教师还要善于使自己的语言形象化，以帮助学生理解、记忆。

（五）启发性

教学语言的启发性是指教师在运用教学语言时要能够调动学生思维的积极性，启发学生积极的思考。教学中要尽量把抽象的概念具体化，把深奥的道理形象化，激发学生丰富的联想、想象，从而发挥学生的思维能力。

（六）自控性

所谓自控性是指教师在课堂上对自己的语言要有一种自我监控的能力，能够及时自觉地控制语言的表达。一般情况下，失控的语言多缺乏准备，不可能收到好的效果。所以，教师在教学中，语言要充分准备，按计划进行教学，可有可无的话坚决不说，不搞东拉西扯式的谈天教学。

（七）简洁性

课堂教学是在限定的时间内进行的，每一分每一秒都是非常宝贵的，教师的任何活动都不能浪费教学的时间。这就要求教师在运用课堂教学语言时要简洁明了。具体来说，教师在教学中要多用短句，少用长句，能用一句话说明白的就不要用两句去说；课堂中除了必要的重复外，一般情况下不要随便重复。总之，力争用最简洁的语言达到最佳的教学效果。

（八）激励性

教师的教学语言不仅要传授知识，而且要激发学生的学习动力和兴趣。教学的艺术不在于传授本领，而在于激励、唤醒、鼓励。教师的教学语言如果缺乏激励性，学生听起来就会感到索然无味，就会缺乏学习的热情。

（九）情感性

情感性是指教师的教学语言要饱含对学生的深厚感情。教学语言的情感性具有很强的教育感染作用，直接影响课堂的学生情绪，影响学生对教学内容的理解和掌握。富有情感性的语言不但作用于学生的感官，而且还作用于学生的心灵；不但使学生从情感上服从教师，而且更有助于他们热爱知识。因此，教师在教学中，必须深刻体会教学内容中包含的丰富情感，在教学中用自己富有情感的语言去感染学生，教育学生。

（十）选择性

数学语言通常包括文字语言、符号语言和图形语言。一般来说，文字语言通俗易懂，符号语言简单明了，图形语言形象直观。各种语言互有利弊，在课堂教学中一定要灵活选择，灵活转换，这样才有利于提高教学效果。

五、教师教学语言素养的提高

（一）扩大知识面，提高文学素养

教师的语言功底是与他的知识的广博程度相关的。教师要提高语言素养，不仅要掌握所教学科的知识，而且要掌握相关学科的知识，尤其是要提高自己的文学素养。

（二）刻苦学习语言技巧

语言的运用有很大的技巧性，而教学语言的运用技巧性就更大。要提高教学语言素养，首先要做一个有心人，要在平时的教学中，多听、多看，尤其是对优秀教师的教学语言运用要注意观察、体会，为自己所用。同时，语言技巧的训练是必须进行的，并且这种训练又必须要下一定的苦功夫。

（三）在教学实践中锻炼良好的心理素质

教师要掌握教学语言技能，必须要有良好的心理素质，要能够沉着冷静，处变不惊，要能够科学地根据教学对象、教学内容，机智灵活地运用教学语言。

（四）认真备课，达到"背课"水平

数学语言比其他学科语言更要求准确精练，这也是衡量一个数学教师教学基本功的重要标志之一。语言不准确，就失去了科学性。

第六节　体态语言技能

一、体态语言概述

（一）什么是体态语言

体态语言是指人们通过身体的动作、姿势和表情等行为信号来表情达意、传递信息的语言，它与口头语言、书面语言相对应，称为体态语言，也称为态势语、人体语等。

体态语言的产生早于有声语言。在成熟的口头语言形成之前，人类的祖先就借助自身的体态变化交流各种信息。在漫长的岁月中，人类的一些体态形成固定的含义和规则，人们可以按照这种统一的含义和规则进行表达和理解。

（二）体态语言的特点

体态语言与口头语言、书面语言有着共同的属性，都是人们传递信息、进行交际的手段和工具，但体态语言又有其自身的特殊性。体态语言有三个特点：直观性、丰富性和模糊性。

二、体态语言在教学中的作用

体态语言和口头语言一样，都是传递信息的工具，体态语具有信号功能和强调指示功能，从而使沟通思想、交流感情更为有效。

（一）可用体态语帮助组织教学

有些教学常规是靠体态语表现出来的。例如，教师步入课堂在讲台中央站定，目光扫视全班同学，常表示上课，学生即可安定下来。在组织教学时，有时不宜用有声语言，而适宜用体态语。

（二）可用体态语激发学生的学习兴趣

教师的一举一动都对学生有潜移默化的影响。教师表情和蔼可亲，学生就愿意接近；教师态度不好，就会引起学生反感。当学生回答问题时，教师轻轻点头，即是肯定答案正确，鼓励学生继续讲下去的作用，加上微笑，更能够鼓励学生畅所欲言。轻轻地摇头表示"不对，想一想"，比直接说出来委婉，学生易于接受。如果教师讲课像背书一样，毫无表情，不借助体态语，势必枯燥乏味，学生学习也就缺乏兴趣。

（三）可用体态语突出教学重点

有经验的教师在课堂上往往能紧紧抓住教学中的重点和难点，言简意赅、有的放矢地进行讲授。在一般叙述时教态自然大方、平静而安详。当讲到重点时，要改变状态，或离开讲桌向前跨步，或配合恰当的手势，或慷慨激昂，这样能以教师的情绪感染学生，给学生更加深刻的印象。人们都有这样的体会，中小学教师每堂课讲的内容是无法完全记住的，可是最精彩的课堂场面，教师讲课的神情常常是记忆犹新的。

（四）体态语言能扩大教师教学信息的发射量，增加学生对有用信息的接受

课堂教学效果与学生所接受的有用信息量成正比。教师在教学中除了让学生从听觉接受信息外，还应恰当地运用体态表达作用于学生的视觉系统，这不仅能扩大教师教学信息的发射量，尤其能扩大对学生感官的刺激量，从而有效地提高课堂教学效果。

三、常用的体态表达技能

（一）目光

在人类历史上，眼睛对人的行为一直有很大的影响，它是人与人交际中最清楚、最正确的信号。目光是眼睛发出的非语言信息，它能表达许多口头语言所不易表达的复杂而微妙的意思，是体态表达中运用得最多的一种。教学中的眼神表达，对教师来说是"此时无声胜有声"，对学生来说是"心有灵犀一点通"。

教师在教学中要正确、充分地使用自己的目光表达，还要注意以下几个方面。

（1）要注意用目光充分表达自己的情感。教师的喜、怒、哀、乐等情感，都要用自己的目光传递出来，让学生从教师的眼神中直观地体验到思想情感的变化，受到教育和启迪。

（2）要注意视线的变化与分配。视角要不断变化，扫视不能太快，环视不能太虚，凝神不

能太长，斜视不能太多。

(3) 目光变化要有针对性、目的性。教师的目光变化要从传递教学信息和组织教学出发，不能无目的地变化，反对故弄玄虚、神秘莫测的目光变化。

(4) 要和口语、手势、表情、姿态等密切配合。

(二) 面部表情

面部表情是由脸的颜色、光泽，肌肉的收与展，以及脸面的纹路和脸部各器官的动作组成的。它以最灵敏的特点，把具有复杂变化的内心世界最迅速、最敏捷、最充分地表现出来。

教师在教学中面部表情应做到以下几点。

1. 自然

要让自己的内心活动与外在表情相一致，使学生看到表里如一的坦诚、自然的真实形象，从而赢得学生的充分信任；不可造作伪装，那样会失去学生的信任，从而干扰学生对信息的接纳。

2. 适度

主要是脸色脸形的变化不可过分、过频，要恰如其分，做到嬉笑而不失态，哀痛而不失控。

3. 温和

教师的面孔如同一面荧光屏，各种情绪，心态都可以从这里无保留地透露出来。一般地说，表情应和有声语言和动作姿势同时产生，并同时结束。

4. 鲜明

脸上的表情要鲜明，喜就是喜，怒就是怒，每一微小变化都可被学生感觉出来，切忌呆板僵化、似是而非、模糊不清的表情。

(三) 动作姿势

动作是指身体的动态变化，姿势是指身体的静态造型。动作姿势在信息交流中有十分重要的作用。教学中常运用的动作姿势有走动、站立、局部动作、手势等。

1. 在课堂上的走动

走动是教师传递信息的一种体态语。如果一个教师一节课只一个姿势地站在那里一动也不动，课堂就会显得单调而沉闷。相反，教师适时地在学生面前走动，而又没有分散学生注意力，课堂就会变得有生气，还能激发学生的兴趣，引起注意，调动学生的积极情绪。

教师在课堂上的走动大体有两种：一种是教师在讲课时并不总站在一个位置上，而是适当地在讲台周围走动；另一种是在学生做练习、讨论、实验时，教师在学生中间走动。从讲台上下来走到学生中间，这种空间距离的缩小，能带给学生直接的影响与心理上的接受。因此，教师走到学生中间可以使师生之间的关系更加密切，可以加强课堂上师生间的感情交流。同时，在走动中教师可进行个别辅导，解答疑难，了解情况，检查和督促学生完成学习任务。教师在课堂上走动时应注意以下问题。

走动要有控制，不能分散学生的注意力。为了做到这一点，一要控制走动的次数，不能一节课不停地走；二要控制走动的速度，身体突然地运动或停止都能引起学生的注意，所以在课堂上教师应该是缓慢地、轻轻地走动，而不是快速地、脚步很重地走动；三是走动姿势要自然大方，不能有分散学生注意力的动作。

走动或停留的位置要方便教学，当组织学生进行问答练习时，以在讲台周围走动为宜。停留时要离开黑板一点，以便变换在黑板上写字的位置。在学生中间边讲边走动时，不要停留在教室的后端，因为这样对学生来说教师的声音是从后面传来的，对学生听课有一定的心理影响。

教师的走动时间要符合学生心理。一般来说，学生在做练习或答试卷的时候，不喜欢教师在他们中间走来走去，更不喜欢教师在自己的身后或身边停下来。教师在学生中间走动进行个别辅导、解答疑难的时候，要注意关心每一个学生，对所有的学生给予同样的热情。

走动时要处理好局部与全局的关系。在让学生进行小组讨论时，如果发现某个小组有问题，需要对一个小组学生讲话，教师应轻轻向他们走去，然后再回答问题或讲解，以免影响其他学生。如果这一组提出的问题具有普遍意义，需要全班同学注意，可以快速走到讲台前，拍手请全班同学注意，面对所有同学进行解答。假如在学生讨论时教师要观察整个课堂的情况，最好站在教室的两端。

2. 身体的局部动作

教师教学中经常要用局部动作去传情达意，例如，头部动作就起着重要作用。在学生回答问题或提出问题时，教师使劲地点头表示：“我知道了，请讲！”；将眉头抬高，表示：“我太惊奇了！”；慢慢地抬起眉头并轻轻地点头，表示教师正在注意听，而且对他的回答进行思索，这样会使学生更愿意谈自己的意见或见解。

3. 站立

站，是教师的基本功。没有特殊的原因，不主张坐着讲课，特别是青年教师，更应学会站，学好站。站着讲课，有助于教师的动作、表情和阐述，让学生感知到更多的内容，也使教学更富有感染力。但是，站也不能像根木桩，当需要阐述、描述、分析时，应稍离讲桌，或轻松自然地走动，或微微分开双脚，保证动作姿势的灵活施展，在微量运动中求得休息，使学生既感到教师的端庄严肃，又感到教师的亲切自然。

（四）手势

手是人体强有力的表达器官。由手的指、掌、拳、腕等不同造型及伸、抓、握、摇、摆、挥、推、按、劈、摊、举等动作节拍形成的手势，可以描摹复杂的事物状貌，传递人的心声，表达特定的含义。教师的手势应像指挥家的指挥棒，撩拨着学生的感情之弦，激发着学生的想象与思维，加深着学生的感受与理解。教师准确恰当的手势不仅能提高教学效率，还能给人以美的享受。

1. 手势的类别与作用

（1）教学手势按其传递信息的功能可以分为：情感性手势、象征性手势、会意性手势、指示性手势、强调性手势、描述性手势和评价性手势。

（2）按手势的活动范围，可以分为：上区手势，手势动作在肩部以上的区域；中区手势，手势动作在胸部与腰部之间；下区手势，在腰部以下的区域。

（3）按使用的活动部位，可以分为：手掌的动作、手指的运用和拳的运用。

（4）按使用一只手还是两只手，可以分为：单式手势和复式手势。

2. 运用手势的要求

运用手势要使它充分地传情达意，需要注意以下几点。

（1）适合。手势与表达的内容要适合。教师讲课时的手势，应服从教学内容的需要，该快则快，该慢则慢，该刚则刚，该柔则柔。

（2）自然。手势贵在自然，只有自然才是感情的真实流露。

（3）简练。每做一个手势，都力求简单、精练、清楚、明了，要做到干净利索，切不可拖泥带水。

（4）协调。教学手势从来都不是单独进行的，它总是和声音、姿态、表情等密切配合进行，这就要求协调。

四、运用体态语言的一般原则

教师在教学中使用体态语言，必须遵循以下的原则。

（一）目的性原则

体态语言是表达的手段，它必须为教学目的服务。教师必须明确为什么要用体态表达，体态表达要达到什么目的。

（二）适应性原则

体态表达的具体形式，必须与具体教学内容、具体教学情境和学生实际相适应。教师要选择那些最能表达教学内容，学生又易理解的体态语言。

（三）协调性原则

教师要把目光、表情、动作、姿态等体态表达形式统一起来，发挥协同作用，同时要把体态表达与口语、板书、教具密切结合，使之构成一个多通道协调一致的信息传递网络。

（四）精练性原则

体态语言要少而精，在表达中起到画龙点睛的作用。体态语言是随人体变化而产生的，具有模糊性，用得过多时，会互相干扰，反而不易达到表达的目的。

（五）自然性原则

教师的一个手势、一个眼神、一俯一仰都应是表达教学内容所使然，都应是教师内心情感的自然流露。切忌表达失度，矫揉造作，形神不合，言行不一。

第七节　结束技能

一、结束技能的概念

结束技能是教师结束教学任务的行为方式。在课堂教学的最后阶段，教师通常都要用精练准确的语言，对教学内容进行归纳，概括所讲授的主要内容，明确学习要求，总结解题思路、方法、规律以及要注意的问题，使学生把所学的知识纳入自己原有的知识系统，从而完成教学活动。结束技能的作用主要有以下几点。

（1）重申所学知识的重要性和注意点。

（2）概括本节课的知识结构，强调概念、定理、公式以及解题的关键。

（3）引导学生总结分析自己探求解决问题的思维过程和所使用的思想方法。

（4）布置思考题、练习题、作业题，对所学知识及时复习、巩固和运用。

二、结束技能的类型

（一）概括式

这种结束方式是指在课堂结束前，利用较短的时间把教学内容、知识结构、思想方法采用转述、罗列、表格、图示等方法加以浓缩、概括，强调重点，使学生对整节课有一个清晰的整体印象。它多用于新授课的结尾，可以教师讲，也可以在教师引导下让学生讲，也可以教师说纲，学生讲内容等。概括式结束的特点是简明扼要，主线分明，产生提纲挈领的作用；配之以板书，便于清晰记忆。

（二）悬念式

悬念是指那些悬而未解的问题，可以起到刺激思维、引起注意的作用。学生在学习中产生悬念心理具有很强的潜在激励作用。课堂结尾时可以通过结尾一席话将现有教学内容与下一个教学过程要讲的内容发生联系，使学生产生悬念，也可在结束时，有意不把问题讲透，而设置若干悬念，让学生去思考、讨论，从中悟出道理。但要注意，悬念的设置要有思考价值，不要使学生普遍费解，要把握一个度的问题。

（三）消化吸收式

新课结束时，教师提出启发性的问题，让学生通过研究，做出解答，达到融会贯通、消化吸收的目的。其特点是简单易行，操作方便、自然，起到巩固深化作用。关键是问题的设计要有明确的目的和要求。

（四）点破疑团式

在新课的导入和讲解过程中，教师经常会设置一些悬念用来激发学生的学习兴趣，或启发思维，或引发探求的欲望，而这些悬念在讲解过程中不宜点破，那么在结尾时留下几分钟点破疑团，让学生弄清谜底就显得这节课完整、自然、艺术。

（五）串联式

这种结尾方式是在一个单元或一章学习即将结束时，对章节的前后内容进行串联、整理、比较、归类，使所学知识系统化、条理化、网络化。它的主要作用是为学生提供良好的知识结构，使其进一步加深理解和巩固。

（六）趣味式

新课讲完，下课前留几分钟的时间，针对新课内容，安排一些有利于激发学生兴趣的活动，对活跃课堂气氛，鼓舞情绪大有好处。这种结束方式使新课在轻松愉快的气氛中结束，能够提高学生的学习兴趣，增强信心。

（七）预告新课式

在新课结束时，对下节课的内容做出预告，目的在于引起对下节课的好感，做好课下预习，引起学生进一步学习的欲望和动力。

一般情况采用投影仪或小黑板，来预告下节内容。引导预习工作，也可出现在思考题中，这种思考题本节知识不能解决或不能全部解决，诱使学生去思考，去探索，为上好下次课做准备。

总之，数学课的结束方法是多种多样的，和导入一样，只要灵活运用，认真选用，一定能起到事半功倍的效果。

三、结束技能的程序和要求

结束技能的一般程序为：简单回忆—提示要点—总结规律或拓展延伸。结束技能的要求有以下几点。

（一）及时巩固，强化记忆

心理学研究表明，记忆是一个不断巩固的过程，由瞬时记忆到长期记忆，有一个转化过程，实现这个转化过程最基本的手段是及时小结，周期性的复习。因此，在讲授新知识接近结束时，要及时小结和复习巩固。尤其是数学学科的特点是逻辑性强，前后连贯有序，要把所学知识及时纳入学生已有的知识结构中去，更应及时巩固强化。

（二）语言精练，突出重点

对一堂课的内容进行概括总结一般需要 3~5 分钟左右，所以教师的语言必须精练、准确、简明扼要，内容不必面面俱到，要突出重点。

（三）建立联系，形成知识系统

在某一段教学内容结束时，应该归纳本阶段的知识结构，深化重要的概念、定义、定理。经精心加工而得出的系统化、简约化的知识网络，能帮助学生把零散的孤立的知识"串联"和"并联"起来，了解概念、定理的来龙去脉，揭示内在联系，这样，才能把所学的知识融会贯通。

（四）形式多样，引导探索

一节课的结束，可以是封闭型的，也可以是开放型的。封闭型的结束，结论明确。开放型的结束，可以留下问题供学生去思考，鼓励学生继续探索，培养学生的发散思维能力和数学探究能力。

第八节 其他课堂教学基本技能

一、如何吸引学生

随着现代生活水平的提高，在学生的生活中高强度的诱因刺激也在增加，加之应试教育的负面影响，数学课堂教学常常被认为是单调、呆板、缺乏生机的。如何吸引学生，变"要我学习数学"为"我要学习数学"，是数学教师面临的艰巨任务和有待深入研究的课题。为了达到教学目的，教师除了要调动学生学习的外部动机，教育学生树立远大的理想，勇于战胜学习道路上的各种困难外，还必须想方设法使自己的教学能够最大限度地吸引学生。

吸引学生的主要方式归纳起来有这样几个关键词：联系、挑战、变化和魅力。所谓联系是指教学设计要联系学生的客观现实和数学现实，与他们已有的生活经验和知识结构相联系。挑战是指教学任务对学生具有挑战性，平庸拖沓的教学安排不可能吸引学生，教师应该尽可能地提高课堂教学效率，让学生感到学习充实，收获大。变化是教师在学生注意力涣散或情绪低落时，改变教学的形式、讲授的语速语调等，重新将学生的注意力拉回到教学上来的手段。增加教师自身的魅力也能达到吸引学生的目的，诸如精彩幽默的语言、挥洒自如的教态、简练漂亮的板书版画、得体的仪表、亲切的话语、热情的鼓励、信任的目光、敏捷的思维、熟练的解题技巧等，都有助于建立良好的师生关系，这就叫作"亲其师而信其道"。教师如果能够调动学生的情感和意志这些精神需要，那效果将会是持久而巨大的。

二、如何启发学生

启发学生数学学习的关键有以下几个词：定向、架桥、置疑、揭晓。首先教师要明确希望学生解决什么问题，目标不确定难以完成教学任务。

首先，教师要考虑希望学生解决的问题与学生的现实之间有多大距离，应该设计哪些问题或进行哪些活动来架桥铺路化解困难。

其次，教师可以设置一些疑难问题引起学生思想的交锋和深层次的思考，有助于深入理解某些重要的概念和定理的实质。

最后，教师要将学生原先想做而不会做的正确做法，想说而说不出的正确想法，用精练明了的语言重述一遍。

三、如何与学生交流

教学对话不仅是教师的提问与学生的回答，它还包含语言交流对话和非语言交流对话；在语言交流中除了传统课堂上常常采用的"教师提问—学生回答"的形式外，还包括学生的发问。怎样鼓励学生发问也很值得教师关注，为此，教师要经常地鼓励发问的学生，还要教给学生发现问题的方法。另外，师生板演是数学课堂教学对话中书面语言常用的交流形式，教师的板演除了合理布局外，板演内容要高度概括精练，不宜一段一段地抄写教案上的内容，使学生注意力分散，又抓不住要领。对学生的板演，不能只看答案的正确与否，培养学生的数学书面语言表达也是数学教学的重要方面。

非语言交流对话包括：课堂倾听、面部语、体态语以及服饰语等。课堂倾听由注意、理解和评价三个部分组成。第一是注意学生在对话中说出的信息是否适当、正确，包括强度、传递时间和情境等；第二是对接收的信息进行心智加工的理解，包括理解说话人呈现的思想、说话人的动机等；第三就是对信息进行权衡评价，归纳说话人的主题思想，获知省略的内容，思考怎样完善信息等。

教师提问技能的几个关键词是：设计、含蓄、等待和开明。

首先，提问需要设计。在教学中加入设计好的问题，可以增加实现教学对话的可能性，可以将问题集中于教学的主要目标。其次，提问应当含蓄，不能太直白。由于简单的问题不具有多少思考性，因此，在课堂提问中简单问题所占的比例很小，尤其是在程度较高的班级和学习内容有相当难度的课上。最后，对学生的回答要认真倾听，予以中肯而明确的评价，肯定合理的成分，指出还需改进的地方。

第五章　初中数学教师的教学工作

第一节　初中数学的基本知识

一、数学课的任务

（一）学习新知识

初中数学课的任务是由初中数学教学的总目标和教学过程的客观规律确定的。数学教学的主要目标之一就是使学生掌握必要的数学基础知识，所以数学课的一项首要任务就是学习数学新知识，新知识的内容主要是指新的数学概念、数学命题、数学思想和数学方法，培养、发展分析和解决问题的能力，这种工作通常叫作授新课。

（二）复习巩固已学知识

在学习新知识的过程中，鉴于中学生的生理、心理特点和接受能力，一定要辅之以必要的复习巩固工作。其中讲授新知识前的复习，有的是为检查上一节课学习情况而安排的；有的是为当堂将要学习的新知识而安排的；有的是在学习一个章节、一个单元后安排的，以便将所学的知识进行归纳、整理、系统化，并使知识转化为能力。

（三）布置、检查、指导学生作业

为了培养和形成学生的数学能力，尤其是逻辑思维能力和创造能力，学生必须完成适当的课内作业，以便教师在巡视中了解教学效果，进行个别辅导，或发现带有共同性的问题进行集体订正。有时对一些比较困难的习题，教师可予以适当的提示，让学生展开讨论，为学生课后独立完成作业减少困难。

二、数学课的基本要求

（一）每堂课要有主要的教学目标

每堂课都要围绕所制订的教学目标，完成一个主要任务。这项任务应从课堂教学的整个体系中去分析。一般情况下，每一章、每一节的头几节课，大多是以学习新知识为主要任务，而培养和形成技能、技巧，复习、巩固、检查等任务则是为实现上述任务服务的；每一章学习的结尾，往往以复习、巩固或形成技能、技巧，或考查学生掌握知识的情况为主要任务，其他任务则是从属的；而培养和发展学生能力的任务，应贯穿在每一堂课的始终。

（二）要完成智能教育和一定的情感、态度及价值观的教育

最现实的要求，就是要能最大限度地激发和保持学生对数学的兴趣，培养学生对数学学习认真负责的态度，培养学生的参与意识和合作交流的良好习惯，培养学生专心致志，不停地向新的学习目标追求的顽强精神。

（三）每堂课的教学材料的选择要有根据

一般来说，选择一节课的教学材料时，至少要满足如下要求：材料的内容符合本节课的教学目标；材料的分量恰到好处，即保证能完成这节课的教学目标而时间上又十分紧凑；材料的安排符合学生的认识规律，即从具体到抽象再到具体，理论与实践相结合。

（四）每堂课的教学方法要应用恰当

为了确保学生积极、主动地学习，教师要采用恰当的教学方法，不论采用哪种教学方法，一般应满足如下要求：在本节课的学习过程中，凡是学生自己通过努力能够达到的事情，都应尽可能让他们自己去做；体现学生的主体作用。

（五）每堂课的教学过程要组织得周密

在一节数学课里，师生进行双边活动通常是划分为若干环节的，各环节应衔接自然，联系紧凑，层层展开，脉络清楚。课上的教学活动要安排得紧凑但不匆忙；要使学生的思维十分活跃但不混乱；要力争完成预定的教学计划但又要及时反馈，根据实际情况进行必要的灵活调整。目标是使得每节课的四十五分钟得到充分合理的使用，使得全班学生的学习积极性、主动性得到最大限度发挥。

三、数学课的类型与结构

根据课堂教学的目的和任务，初中数学课可分为若干类型，主要有新知课、练习课、复习课、讲评课。此外，还有讨论课、实地测量课、考查课、课题研究课等。现将四种课型的结构和特征介绍如下。

（一）新知课

新知课的主要任务是学习新的数学知识。它是数学课中最常见也是最重要的一种课型。由于所学新知识与已有的知识紧密联系，而且接受新知识还有一个逐步消化的过程，因此，这种课型的基本结构一般有复习已有知识、认知新知识、巩固新知识、小结、布置作业等环节。

新课必须以认知新知识一环为主，复习和巩固以及作业都是围绕掌握新知识这个中心而进行的，不能搞得过多而喧宾夺主，也不能简单重复和让学生死记硬背。应着重于基础知识的理解、方法的运用以及对学生辨析能力、概括能力的培养。

（二）练习课

练习课的主要目的是巩固所学的知识，培养技能技巧，主要任务是解答数学习题。由于在练习前，学生必须先阅读教材，复习有关知识或教师做必要的提示、归纳，在练习后又必须完

成一定的作业,因此,这种课型的基本结构一般有复习、练习、小结、布置作业等环节。在练习过程中,要使学生重视基本理论在解题中的指导作用。

(三) 复习课

复习课的主要目的是巩固和加深学过的知识,使之系统化。通过归纳、整理,查漏、补缺,解决疑难,使学生将所学知识纳入自己的知识体系。复习课有阶段复习、期末复习、新学年开始复习和毕业复习等类型。其基本结构一般有复习(提供提纲)、重点讲解、总结、布置作业等环节。

(四) 讲评课

讲评课的主要任务是对某一阶段的课内外作业情况或对某一次考试结果进行分析讲评,以便纠正缺点错误,发扬成绩,促进今后的学习。通过讲评,不仅要使学生了解自己解答的正误,而且要使成绩较差的学生找出错误的原因,成绩较好的学生明确自己的努力方向,使大家通过讲评都有所提高。其基本结构一般有情况介绍、重点讲解、总结、布置作业四个环节。

第二节　初中数学课的备课

备课指教师在上课前进行的一系列准备工作。备课是上课的基础,它对课堂教学质量起决定性作用。备课的主要工作有四项。

(1) 钻研教材和熟悉课程标准,阅读参考资料。

(2) 深入了解和研究学生情况。

(3) 制订教学计划(学期计划、单元教学计划)。

(4) 写好教案。

备课是教师学习、分析、研究和处理教材的过程,是教学全过程的基础。备课是否充分,对课堂教学的质量与效率起着决定性的作用。

一、制订教学工作计划

课程标准中虽然对教学进度、内容和要求做了规定,但如何结合具体情况实现标准的要求,还要由教师针对教育对象切合实际地制订出一学期的教学工作计划。只有这样,教师才能有条不紊地进行教学,并在规定的时间内完成教学任务,达到教学要求;同时也有利于在学期结束时根据计划对自己的教学工作进行检查,总结经验教训。教学计划一般有下列五个方面的内容。

(1) 本学期的教学目标。

(2) 所任班级学生的情况分析。

(3) 提高教学质量的措施。

(4) 教学进度表。

(5) 活动课以及研究性学习的时间安排。

二、备课

(一) 学习课程标准

课程标准是教材编写、教学、评估和考试命题的依据，是国家管理和评价课程的基础。课程标准是一个"最低标准"，是一个绝大多数学生都能达到的标准。它对教学目标、教学内容、教学实施、评价等做出了一些指导和建议。教师只有了解了课程标准的最低要求，才能根据自己学生的实际情况，使每个学生确实掌握教材所指定的数学基础知识、基本技能和基本思想。

(二) 钻研、分析教材

教材是根据课程标准编写的，是进行教学工作的主要依据。钻研教材是提高课堂教学质量的关键。钻研教材首先要分析学科的基本结构。初中数学教材包括代数、平面几何、立体几何、解析几何、统计、微积分初步等不同分支，还有选修内容中的不同分支，它们各有不同的基本结构。

(三) 查阅资料

有重点地查阅有关资料、文献和理论书籍，不仅可以加深对教材的理解，充实教学内容，而且可以吸取别人的教学经验，使教学少走或不走弯路；同时，也为自己进行教学改革探索提供借鉴，积累经验。

(四) 确定教学目标

教学目标是教学任务的具体化指标，是师生双方在教学活动中预期达到的教学结果、标准。它作为指标体系具有可操作性，给师生双方的思想和行为提供指南。教学目标是选定课型和教学方法的依据，是检查教学效果的标尺。

确定教学目标的深度、广度要适当。教学目标不要过于抽象化、概括化，否则师生检测评价教学效果时就会遇到困难。确定教学目标，通常是在分析教学内容知识要点与能力要求的基础上，用概括、简练的语言将知识与技能、过程与方法、情感态度与价值观等方面的教学要求加以叙述。

(五) 确定重点、难点、关键

所谓重点，就是教材中贯穿全局、带动全面、起核心作用的内容。它由教据本身在知识结构中所处的地位和作用来确定。一般说来，教材中的定义、定理、公式、法则以及它们的推导和重要应用，各种技能技巧的培养和训练，解题的要领和方法，图形的制作和描绘等都可确定为重点。

所谓难点，就是教材中学生在理解、掌握或运用上会产生困难的内容。难点具有相对性，且是针对学生而言的。一般说来，教材中内容比较抽象，结构比较复杂，本质属性比较隐蔽，需要应用新的观点和方法或学生缺乏必要的感性认识的内容，均可确定为难点。

所谓关键，就是理解、掌握某部分知识或解决某一问题的突破口，它还是攻克难点、突出重点的转折点。一旦掌握好关键，其他部分的学习就迎刃而解了。

（六）演算习题，精选题目

对教材中的习题，教师必须都演算过，熟悉每一道题目的解法。不仅要掌握一题多解的方法和简捷解法，还要了解各个题目的作用和难易程度，分清哪些是主要的，哪些是次要的；哪些是单一的，哪些是综合的。还应分析学生解题中可能出现的错误。同时，还应在有关参考书中选择或自编一定数量的习题，供学生做针对性练习时选用。

（七）确定课型和教法

依据教材的内容、教学目标和学生的年龄特征，应确定好课型和相应的教学方法。课型有多种，方法有多样，而所有的教学方法都应贯彻以学生为主体、让学生积极参与的教学思想。

（八）了解学生情况

如果教师不了解学生情况，讲课就不可能因材施教，有的放矢，深浅度就失去了根据，很可能会失败。因此，教师必须在课前进行调查研究，对学生的思想状况、学习态度、兴趣爱好、基础知识、接受能力、生活经验和健康状况等有清楚的了解。了解学生可通过课堂提问、练习、板演、讨论、考查、完成作业的情况提供信息，也可以通过座谈会或与学生个别交谈得到反馈，以及向有经验的教师请教得到启发。

（九）准备教具

准备或制作有关教具，特别是尽可能利用多媒体、网络等现代教学手段，这对增强学生的感性认识，提高教学效果很重要。

（十）编写教案

教案可以说是一堂课的教学计划，也可以说是课堂教学的设计图。它是教师按照预定的教学目标、计划，经过充分准备和缜密考虑所写出的关于课堂教学的一切具体措施的方案。教案是备课工作最为具体化、深入化、系统化的重要结果，是钻研教材、把握学生情况和选择教学方法的总体现。一份好的教案不是教学内容的堆砌，更不是教科书的"拓印"，而是反映课堂教学全过程的概貌。由于各节课的课型不一，方法不同，教案书写详简不同，因此，教案也很难有统一的格式。

编写教案可以提高教师对教材的处理能力。教师将备课中所考虑、计划的多种教学活动的设想，经过进一步的推敲、斟酌，使之条理化、科学化，明确地写在教案文字之中。特别是数学概念和原理是如何从客观实际和系统知识中抽象或推导出来的，其中包括了哪些数学思想和方法，怎样安排学生去发现，使用教学设备（教具）的时机、方式等都要写在教案上。

（十一）组织试教

将准备好的教案进行熟悉、预讲的过程叫作试教。试教时要注意搞好板书布局，对课题、图形、公式、定理、例题、练习题等什么时间书写，板书在什么位置，彩色粉笔如何使用等，都要统筹安排。个人试教可以纸代黑板，边想边讲，边写边画，自问自答。通过试教，可估计课堂教学时间和检查各个环节之间的衔接关系，以便进一步修改、完善教案。

第三节　初中数学课堂教学

课堂教学是在教师的组织和主持下，按照课程标准和教材的要求，有目的、有计划地为完成既定任务而由师生共同参加的教学活动。数学课堂教学要使学生掌握必要的数学基础知识，培养和形成他们的数学基本技能，培养和发展他们的数学能力，同时还要使学生受到思想品德教育。

一、课堂教学的三项基本原则

（一）课堂教学生活化

课堂教学生活化，即把课堂教学的过程当作学生日常生活的重要组成部分，而不是日常生活的简单重复。课堂教学从科学世界到生活世界，并不意味着教学内容就是个体日常生活经验的重现。完整的生活世界既包括日常生活中的具体事物，也包括科学经验、科学理论和科学逻辑。所以，课堂教学需要从科学世界回到生活世界，需要重视学生完整的生活经验，实现书本知识与人类生活世界的沟通，使知识恢复到鲜活的状态，唤醒学生学习的内在需要、兴趣、信心，提升他们主动探索的欲望及能力，让课堂焕发生命的活力。

（二）师生交往有效化

课堂上的师生交往与日常生活中所发生的交往行为不同，它是为了促进学生的全面发展，在课堂上进行的教与学的两类活动。这两类活动同时展开，相互作用，使得课堂教学活动具有双边、共时、交互作用性以及主客体的复合性。

（三）学生学习主动化

学习的主动化是学生对学习的一种由衷的喜爱，是一种发自内心的自动、自觉的学习行为和良好的学习习惯，是从"要我学"向"我要学""我会学"的一种学习态度和学习技能的根本转变。要使学生学习主动化，教师就要使教学过程情趣盎然，让学生成为学习的主人，师生在课堂中共同生活，共同成长。

二、教科书的使用

学生获得数学知识，除了通过听讲和完成一定的练习外，主要依靠阅读教科书。在教学过程中，教师要注意教科书的使用，教会学生会读教科书，从而掌握使用教材的本领，提高自学能力。

重视教科书的作用，决不意味着教师照本宣科，而是应有目的、有计划、有步骤地指导与培养学生的阅读能力。课堂上，可有选择地阅读，边读边讲，课后再复习。此外，教师还应指导学生学会课外阅读，学会利用教学参考书，以便从课外阅读中吸取知识，提高能力。还要根据学生的情况，适当增加一些适合本地区社会环境的数学内容，使学生了解数学知识在社会生活中的用途，更加热爱学习数学。

三、正确处理几个关系

（一）处理好新与旧的关系

初中数学的系统性很强，新的知识都是从旧知识发展而来的，因此，讲解新课时，一般都是从复习旧知识入手，通过比较、联想，引入新课题，讲解新知识。同时，在讲解新知识的过程中，又应尽可能地联系到旧知识，这就是"联旧引新，讲新带旧"。但旧知识何时复习、联系，其深度和广度如何，应根据一节课的教学目标、新旧知识之间的关系、学生对旧知识的掌握程度以及当时教学进程的情况而灵活确定。

（二）处理好深与浅的关系

初中数学教学必须从学生的实践经验和旧知识出发，符合从感性到理性、从具体到抽象、从特殊到一般、从外部联系到内部联系的认识规律。其中由浅入深尤为重要，教学中应妥善处理好深与浅的关系，做到由浅入深，深入浅出。

浅是深的基础，深是浅的发展，只有着手于浅，才能立足于深，两者不可偏废。至于深浅的程度和比例，这要根据班级实际灵活掌握。首先要立足于基本要求，立足于浅，面向全体学生，争取大面积提高数学教学质量，然后才往深处发展，开拓学生眼界，让学有余力的学生得以提高。

（三）处理好多与少的关系

有经验的教师在钻研教材、精选例题及习题的基础上，注意突出重点，抓住关键，改进教学方法，充分利用课堂教学时间，使学生学得生动活泼，具有举一反三的能力。这样，表面上看来讲得少，练得少，但实际上收到了事半功倍的效果。所以，在数学教学中一定要少而精，才能以少胜多，切不可多而杂，追求以多取胜。

（四）处理好宽与严的关系

数学教学中，要求必须严格。首先，教师应有严肃认真的教态，使用准确、严密的数学语言，进行正确、合理的推理、论证与板书。然后要求学生作业要严肃认真、计算准确、绘图标准、书写工整。教师说到的一定要做到，还要及时检查。同时对学习有困难的学生不能操之过急，而要多关心、鼓励，切实解决他们的问题，使其有信心迎头赶上。

（五）处理好讲与练的关系

数学教学中，在学习新知识的同时，必须进行适量的练习，这种练习包括阅读教科书，展开课堂交流与讨论，动手实践，解题等。有时先讲后练，通过练习加深对所学知识的理解和巩固；有时先练后讲，通过练习，发现规律，上升为理论，再指导实践。

四、充分暴露数学思维过程

数学课程应注重提高学生的数学思维能力，这是数学教育的基本目标之一。学生的智力结构以思维能力为核心，因此，数学教学的过程，不能仅仅理解为向学生传授知识，而应培养学生的数学思维能力，数学教学的实质是数学思维活动过程的教学。

数学教学中存在着三种思维活动，即数学家的思维活动（它或隐或显地存在于课本之中）、数学教师的思维活动和学生的思维活动。数学教师就要致力于暴露数学的思维过程，要通过自己创造性的思维活动，在数学家的思维活动（体现在课本中）与学生的数学思维活动之间架设桥梁。

第四节　初中数学课外工作

数学教师的大量工作其实是在课外进行的，这里所说的课外工作是指批改作业、课外辅导、指导学生开展实践活动等。

一、批改作业

在中学各个科目的教学中，作业的地位在数学科目中显得最为突出。数学作业理所当然的是中学生学习生活中最经常的伴随者之一，于是批改作业就成了数学教学工作中必要而且重要的环节，是数学教师责无旁贷的任务。

批改作业的目的是了解学生掌握知识和技能的情况、能力发展的状况及对待数学学习的态度和学习习惯等，是师生间的一种心理对话。通过批改作业，教师可获得关于教学效果的反馈信息，以便及时调整教学内容和教学方法；对批改中发现的问题进行分析研究，帮助学生改正错误，认识发生错误的原因，肯定或揭示解决问题的正确方法或途径。通过对作业质量与规范的严格要求，培养学生严格的科学态度与良好的学习习惯。

（一）像作文眉批一样批改数学作业

语文老师常在作文本的天头地脚处写下阅读感想，形式不拘一格，言语可长可短，能起到很好地与学生交流的作用。而数学老师批改作业给人的印象就是画钩打叉。对于学生所表现出来的不同的解题思路、解题方法给予鼓励，当学生拿到手中时，脸上会露出成功的喜悦。若只打上普通的对号，学生印象不深，久而久之，会削弱学生的积极性。

（二）用特殊符号批改作业

批改数学作业往往只是用"√"和"×"两种符号表示正确与错误，如果使用含义丰富、别具特色的特殊批阅符号,那么对鼓励学生大有好处。

二、课外辅导

全面关心学生是教师的神圣职责。每个学生的学习方式本质上都有独特的个性,对某些学生有效的方式,对他人却未必如此。学生的学习客观上存在着个体差异,不同的学生在学习同一内容时,实际具备的认知基础和情感准备以及学习能力倾向不同,决定了他们对同样的内容和任务的学习速度和掌握它所需要的时间及所需的帮助不同。为弥补课堂教学统一要求之不足,做到因材施教,教师在课外还应做一系列的辅导工作。加强课外辅导,也有利于教师了解学生的学习情况,以便获得信息,及时调整教学计划,改进教学方法,提高教学质量。

三、开展数学实践活动

基础教育改革纲要规定,从小学至高中设置综合实践活动并作为必修课程,其内容主要包括:信息技术教育、研究性学习、社区服务、社会实践以及劳动与技术教育;强调学生通过实践,增强学校与社会的密切联系,培养学生的社会责任感。

数学实践活动可以开展数学建模、数学实验、数学探究、数学主题阅读等。这些活动并没有严格的界限,只是特点有所不同。事实上,它们之间是可以相互渗透的。通过数学实践活动,培养学生的应用意识、创新精神、科学态度、科学意识、责任心、使命感以及团队意识等人文精神,提高他们发现问题与解决问题的能力,使学生体验数学带来的自信和成就感,促进学生的全面发展。

第五节 初中数学的说课

一、说课及其意义

所谓"说课"是指教师就一节课或一个专题,演示课堂教学技能,展示知识水平、教学水平和理论水平的一种教研活动形式。

说课能全面衡量一个教师的业务素质,能检查、考核教师对课程标准和教材的熟悉与理解程度,能促进教师之间相互合作交流,能提高教育学、心理学、教材教法理论水平,能促进教师合理地选择教法、学法的能力以及教学语言表达能力和逻辑思维能力。因此,说课已成为近几年来被教师、学校、教育教学管理部门普遍关注的一种教学研究和教师教学基本功训练展示、考核的重要内容。

二、说课的类型

根据说课的内容,说课可分为整体性说课和专题性说课。整体性说课,是对完整的一堂课的教学内容，按照说课的内容要求的每个项目，逐一做系统全面的讲述。专题性说课，是对某一教学内容中的某一角度、某一方面的内容，根据说课要求进行局部讲述。专题性说课通常被运用于检查考核中。

根据说课的目的，说课可分为教研型、汇报型、示范观摩型、考核竞赛型等。教研型说课是指备课组、教研组内部的小范围的说课，其形式比较自由，内容比较宽泛，气氛比较宽松，有利于同行间的交流、切磋。汇报型说课是向前来听课的领导或同行进行说课的实际操作，显示说课活动开展的状况和水平，求得批评指导。示范观摩型说课则是说课说得比较好的教师做出样板，供大家研究学习。考核竞赛型说课是检验教师水平、选拔优秀教师的说课。

三、数学整体性说课的内容

（一）说教材

教材是教学的基本要素，深入细致地分析教材、把握教材是设计好每一节课的基础，是教师能够驾驭教学过程取得最佳教学效果的基本前提。因此教师必须钻研教材，领会教材编写意图，分析教材逻辑系统，把握教材知识结构；侧重分析本节课内容在教材知识体系中所处的地位和作用，教材编写的意图，前后知识的相互联系，教学目标、重点、难点、能力点、情感教育点和课时安排等；还要分析教学内容包含哪些知识点，如何展示教学内容，教材叙述语言与例题怎么搭配，按什么顺序展开。

教学目标制约着教学设计的方向，对教学活动起着指导作用，因此教师要确定好教学目标，以充分的理论依据和实践经验说明实现教学目标的进程、步骤、组织以及教学目标向学习目标转化、目标实现程度的检测等方面的基本思路。

教学重点是教材知识结构中带有共性的知识和概括性、理论性强的知识，教学重点除知识重点外，还包括能力和情感的重点。教学难点，是那些比较抽象、离生活较远或过程比较复杂，使学生难以理解和掌握的知识。教师高超的教学技艺体现在突出重点、突破难点上，这是教师在教学活动中投入精力最大、付出劳动最多的方面，也是教师的教学深度和教学水平的标志。

（二）说教法

教学方法是师生为达到一定教学目标而采取的相互关联的动作体系。它有多样性、综合性、发展性、可补偿性等特点。教师在说课时要说明选择某种教学方法或综合运用几种教学方法的根据、作用、适用度等，阐明其价值。

教学手段是师生相互传递教学信息的工具、媒体或设备。在当前新的科学技术不断涌入教学领域的情况下，传递信息的工具、媒体，从传统的手段发展到了电化教育。在教学手段上，由单一媒体的教学转变为采用现代化手段的多媒体教学。教师在说课时要从教学内容、教学环节、学生特点出发，说明使用教学媒体的有机性、适度性以及电教软件编制的构想等基本想法和这些媒体的使用价值。

（三）说学法

因为教学过程是教与学的统一过程，这个过程必须是教法和学法同步的过程，因此教师在说课时还要说明怎样教会学生学习的方法和规律。

指导学法方面，有指导学生阅读数学教材的方法，有组织学生按顺序有重点地观察的方法，有分析数量关系的方法，有安排学生操作、演示的方法等。叙述学法，要注意坚持使学法有利于突出教材重点，突破难点，符合学生认识规律和年龄特征，不是为了翻新花样，图形式花哨。要说出通过教学内容教给学生什么样的学习方法，培养学生哪些能力，如何调动学生的积极性，怎样激发后进生学习兴趣，使学生既学会知识，又掌握学习方法。

（四）说教学程序

说课者要说出所授内容的教学思路、教学过程。

所谓教学思路，即打算怎样教，分几步完成，每步怎样做，以及为什么这样教，理论根据是什么。教学思路没有固定的模式，但一定要符合课程标准的要求，可根据不同教材、不同年级学生特点和教师的教学风格设计。

（五）说教学效果的预测

教学效果是教学目标的归宿和体现。教学效果的预测，既是教师实现教学目标的期望，又是实现教学目标的自我把握程度。教师在说课时，要对学生的认知、智力开发、能力发展、情感意志的养成、身心发展等方面做出具体的、可能的预测。

（六）说板书设计

板书是课堂教学中必不可少的工作，配合教学内容的特点及其中的数学思想方法进行巧妙的板书设计，在课堂教学中是非常重要的。设计得当，不但有助于学生对所学知识内容的理解、掌握，而且重点突出，对学生富有启发性和便于学生记忆。概念教学中的板书应该突出概念的内涵以及概念的应用；定理教学中的板书应有助于定理结论的发现和证明。

四、竞赛型说课的各项评价指标及其含义

（一）教材分析

1. 教材的地位及作用

阐明本节内容在整个知识系统或本册、本章教材中的地位；是在哪些知识的基础上讲解的这段内容，以及前后知识的联系；对于发展学生思维、培养能力方面有什么重要作用等。

2. 教学目标及确立目标的依据

确立教学目标应包括三个方面，即知识与技能目标、方法与过程目标及情感态度与价值观目标。教学目标的确立应充分尊重课程标准及教材对学生的基本要求。目标要切合实际，要具体、明确，具有可操作性，确定目标的依据要具体阐述。

3. 重点、难点和关键的确定及其依据

重点、难点和关键要确定准确。确定重点要联系教学目标，确定难点要符合教材内容和学

生的实际，阐述解决重点、难点的目的意义，指出解决问题的关键所在。

（二）教材处理

1. 学生状况分析及对策

针对本节内容，阐明学生已有的知识基础、思维结构、能力层次，对掌握本节内容有哪些不利因素，重点应考虑哪些问题，采取哪些对策。

2. 教学内容的组织与安排

针对学生的实际情况，阐述在处理本节内容时，为完成教学目标，突出重点，分散难点，对教学材料的挖掘，教学内容的安排，顺序的调整，材料的补充等方面做了哪些具体工作。针对学生的认知能力、结构的协调发展以及思想教育与素质教育的体现做了哪些具体工作。特别是对材料的安排，内容结构上能提出一些创造性的意见，并说明设计意图。

（三）教学方法

1. 教学方法及选择的依据

阐明本节课所用的教学方法，所选择的教学方法的依据，要达到什么目的。

2. 教学方法的灵活性、实用性

所选用的教学方法在整个教学过程中，针对具体内容、学生实际，要灵活、实用。所选择的教学方法，要立足面向全体学生，要充分调动学生的积极性，正确处理主导与主体的关系，不脱离教学实际，体现实用性特点。

3. 学法指导

通过教学，将指导学生学会什么样的学习方法，培养哪些能力，科学的学法指导是智能发展目标得以实现的重要途径。

（四）教学手段

1. 教学手段新颖

教学手段一般包括图表、模型、投影、录像、计算机等。提倡教师充分运用现代化教学手段。阐明本节课上课时所用教学手段和意图。

2. 实验教具、电化等教学手段的应用、演示

恰当地应用这些手段，明确这些手段的作用及见解。

（五）教学程序

1. 新课导入

能够提出恰当的问题，激发学生的学习兴趣，使学生尽快进入状态，并能积极思维，配合教师在热烈的气氛中进行教学。

2. 新课展开

阐明教师怎样运用有效的教学方法，充分调动学生的学习积极性，对所讲的内容按怎样的程序进行处理，采取什么方法、手段，重点培养学生的哪些能力，怎样充分暴露学生的思维过程，使教师的任务重在"导"字上，让学生真正参与到教学过程中；如何创造一种宽松的环境，切实让学生充分动手、动口、动脑，做到教师会教，学生会学；例题如何安排以及设计意图。

3. 反馈练习

练习可贯穿于整个课堂之中，阐述练习题的来源、功能、操作、变化，练习要有目的、有成效，量要适中，难度要适当。所选练习题要体现出层次性、系统性、联系性、针对性、说明设计意图。

4. 归纳总结

一节课结束后，要总结哪些内容，其目的是什么，如何总结，如何将本节内容纳入已有的知识系统中，发挥承上启下的作用，说明设计意图。

5. 板书设计

这里是指就这节内容，如果是在上课时，你的板书是如何设计的。板书设计布局要合理，能反映一堂课的梗概，说明设计意图。

(六) 说课基本功

1. 语言

语言要清晰、简练、确切，讲话的速度要适中。

2. 板书

这里的板书是指教师在说课时所写的板书，字数少于 30 个字。板书要醒目，字迹要工整、美观、大方，设计要合理。

3. 教态

教师在说课时态度要自然、亲切、大方，衣着朴素、整洁，动作协调。

4. 教案

这里是指说课的教案，说课的教案要体现说课的原则，集说课内容、上课内容于一体，项目要全，重点要突出，说理要简明扼要，设计要合理。

第六章 初中数学思想的教学

数学思想方法的形成，并不像数学知识那样，一次性基本定型，而是应随着它在不同知识中的体现，随着学生对这些相应知识的学习，不断地丰富着自身的内涵。因此，学生对它的认识，也应该随着自身知识的增加，逐渐深入。所以，就数学思想方法的教学而言，并不期望一次性完成，而应在不同内容的教学过程中，在不同年龄学生的教学活动中，以不同的形式交替出现，最终使得学生对数学思想方法有较为深刻的理解，从而形成良好的精神品格。

第一节 对数学思想方法的有关认识

初中数学教学过程，实质上是运用各种数学理论进行数学知识教学的过程。在这个过程中，必然要涉及数学思想的问题。因为数学思想是人类思想文化宝库中的瑰宝，是数学的精髓，它对数学教育具有决定性的指导意义。

一、对初中数学思想的基本认识

"数学思想方法"作为数学课程论的一个重要概念，我们完全有必要对它的内涵与外延形成较为明确的认识。关于这个概念的内涵，直到目前也还没有个统一的定义，但作为一个应用极为广泛的概念，可以这样来界定：数学思想方法是指人们在从事各种数学活动时，所表现出来的数学观念及思维方式。它是人们对数学科学研究的本质及规律的理性认识。这种认识的主体是人类历史上过去、现在以及将来有名与无名的数学家；而认识的客体，则包括数学科学的对及其特性，研究途径与方法的特点，研究成就的精神文化价值及对物质世界的实际应用作用，内部各种成果或结论之间的互相关联和相互支持作用的关系等。可见，这些思想方法是历代数学家研究成果的结晶，它们蕴含于数学材料之中，有着丰富的内容。

关于这个概念的外延，从量的方面讲有宏观、中观和微观之分。

属于宏观的，有数学观（数学的起点与发展、数学的本能和特征、数学与现实世界的关系），数学在科学中的文化地位，数学方法的认识论、方法论价值等；属于中观的，有关于数学内部各个部门之间的分流的原因与结果，各个分支发展过程中积淀下来的内容上的对立与统一的相克相生的关系等；属于微观结构的，则包含着对各个分支及各种体系结构中特定内容和方法的认识，包含对所创立的新概念、新模型、新方法和新理论的认识。

从质的方面说，还可以分成表层知识与深层知识、片面认识与完全认识、局部认识与全面认识、孤立认识与整体认识、静态认识与动态认识、唯心认识与唯物认识、谬误认识与正确认识等。

二、数学思想方法与数学知识的关系

数学知识是数学思想方法的载体,数学思想方法是通过数学知识来体现的,而数学知识结构的形成过程又是充分运用数学思想方法的结果,这里的数学知识主要指数学语言、概念、定理、法则和范例,它们与数学思想方法的关系可简述如下。

(1) 数学语言是数学思想方法的外壳,但有些数学思想方法并不全能用数学语言来表述。数学语言系统的建立常得益于数学思想方法,例如计数系统的建立。

(2) 数学概念是数学思想方法的某一侧面之外显示形式,是学习数学思想方法的起点,数学概念的发展亦得益于数学思想方法,如无理数概念的出现。同时,数学概念的积累与演变也能促进数学思想方法的发展。

(3) 数学定理的形成与论证过程均是人们使用数学思想方法的结果。因此,数学定理教学的实质就是数学思想方法的教学。

(4) 数学范例是数学思想方法形成的重要背景。而数学思想方法的应用通常表现在数学范例的解决过程之中。

因此,数学思想方法与数学知识是数学科学中两个不可分割的范畴。在实际的数学教学中,就知识教知识绝对不可取,而脱离了具体的数学知识点空谈数学思想方法也是收不到预期效果的,只有把二者有机地结合起来进行教学,才能让学生学好知识,进而形成优化的知识结构,也才能领会、掌握数学思想方法的实质,提高自己的数学素养。

三、数学思想方法的结构及主要特征

如前所述,数学思想方法主要指人们在数学活动中所表现出来的观念和思维方式。按人们数学抽象程度的高低和从事数学活动程序的不同,可以将数学思想方法的结构划分如下:数学思想方法结构的核心是数学观念和数学意识,依次下来,则是数学思想、解题的一般方法和解题术。

"解题术"最为具体,程序性最强,如判别式法、配方法、加减(代入)消元法等,其应用面"最窄",迁移性也最差。

"解题方法"的程序性相对"解题术"而言稍弱一些,但应用面增大了,解题功能增强了,如归纳法、反证法、类比方法等。

"数学思想"则具有更丰富的内涵,其作用主要表现在对解题方法(术)的选择上,显示出统摄性和迁移性,如化归思想、分类思想、整体思想、方程思想等,是众多解题方法出现的"源泉"。

"数学观念（意识）"则是主体认知结构的最核心部分，也是数学思想方法教学所追求的最终境地。虽然从形式上看，它已几乎无"迹"可寻，但却支配着人们的一切数学活动。如已知与未知间的辩证关系、自变量与因变量之间的决定关系、正数与负数之间的转换关系，都是"运动与变化"观念的体现。

这一结构表明，数学思想方法的内容是有层次的，如图6-1所示。

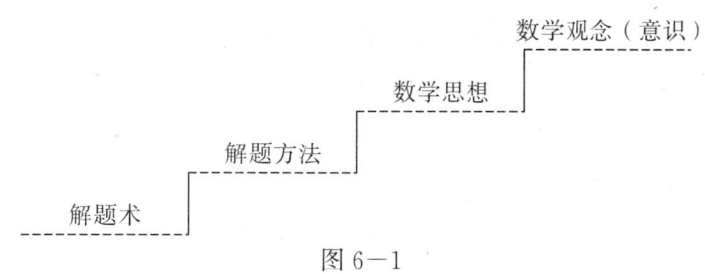

图 6-1

这一特征意味着，对数学思想方法的学习必须从低层向高层转移，以低层为起点，以高层为目标。数学思想方法除具有层次性外，还有下面的几个特征。

（1）过程性。数学思想方法不只是那几个用来表述它的数学语言或概念，更重要的则是对数学思想方法的学习，应结合数学知识和数学活动进行。

（2）普适性。数学思想方法一旦形成，便舍弃了具体的数学内容，是以结构形式而存在的。因此，可以用到多种场合中去。如统计思想，就可以运用到代数、几何以及日常生活的诸多领域中。

（3）创造性。数学思想方法，特别是数学意识，是主体对客体认识的最高表现，它带有强烈的主体意识。因此，在数学思想方法的学习与应用过程中，可以显示出明显的个体创造性，特别适合素质教育的要求，对培养创造型人才极具指导意义。

第二节　数学思想方法的教学价值

一、加强数学思想方法教学的意义

（一）研究数学思想方法是落实《义务教育数学课程标准》的需要

《义务教育数学课程标准》明确指出：通过义务教育阶段的数学学习，学生能够获得适应未来社会生活和进一步发展所必需的重要的数学知识（包括数学事实，数学活动经验）以及基本的数学思想方法和应用技能。根据这一要求，在初中数学教学中，不仅要求学生掌握好基础知识和基本技能，而且要发展学生的智力，培养学生的能力，同时还要培养其非智力因素以及进行辩证唯物主义等思想教育。一句话，进行初中数学教学的根本目的就是全面提高初中学生的"数学素养"。而搞好数学思想方法的研究与教学就是增强学生数学观念，形成良好的"数学素养"的重要措施之一。

正因为数学思想方法在形成学生数学素养方面有如此重要的作用,所以越来越多的数学教育工作者已经开始把对学生进行数学思想方法的教育摆在了教学的突出位置。因此,教师需要下大力气来加强对数学思想方法的研究。

(二)重视数学思想方法的教学是课程改革的新视角

初中数学教学内容是由概念、法则、性质、公式、公理以及数学技能和蕴藏于其中的数学思想、数学方法等组成。从教材的构成体系来看,整个初中数学教材所涉及的数学知识点汇成了数学结构系统的两条"河流"。一条是由具体的知识点构成的易于被发现的"明河流",它是构成数学教材的"骨架";另一条是由数学思想方法构成的具有潜在价值的"暗河流",它是构成数学教材的"血脉"灵魂。有了这样的数学思想作灵魂,各种具体的数学知识点才不再是孤立、零散的。因为数学思想能将"游离"状态的知识点(块)凝结成优化的知识结构。有了它,数学概念和命题才能活起来,成为相互紧扣、相互支持的有机整体。

从某种意义讲,数学教材就是由一些重要的数学思想方法构成的。例如,数形结合思想是一种重要的数学思想,"数"和"形"分别属于"数与代数"及"间与图形"两大领域,二者的结合体现了数学的特性。

在"统计与概率"领域,也有大量内容体现了数学结合的思想,各种统计图就是在统计表的基础上,用几何图形或具体形象来表达统计资料的一种方式,例如,用树状图计算概率为抽象概率的学习提供了直观形象的解释等。

可见,数学思想是数学的内在形式,是学生获得数学知识、发展思维能力的动力工具。以往的数学教学改革只着眼于这条"明河流",由于是在"骨架"上做文章,结果却是下力气大,周期长,收效甚微。而数学思想方法能将"游离"状态的数学知识点(块)凝结成优化的数学知识结构。抓数学思想方法的教学见效快,收益大。因此,我们的数学教学改革可以从这条"暗河流"入手,对学生进行思想观念层次上的教育,这或许是我们进行数学素质教育的一个有效突破口。

教师在教学中若能抓住数学思想这一主线,便能在数学教学领域高屋建瓴;整个教材进行再创造,才能见效快,收益大。

(三)数学思想方法是我们进行教学设计的指导思想

数学课堂教学设计应分三个层次进行,宏观设计、微观设计和情境设计。无论哪个层次的设计,其目的都在于让学生"参与"到获得和发展真理性认识的数学活动过程中去。这种设计不能只是数学认识过程中的"还原",而是一定要有数学思想上的飞跃和创造。这就是说,一个好的教学设计应当是数学思想发生、发展过程的模拟和简缩,如初中阶段的函数概念便是概括了变量之间关系的简缩;也应当是渗透现代数学思想,运用现代手段实现新的认识过程,如高中阶段的函数概念便渗透了集合关系的思想;还可以是在现实数学的基础上概括和延伸,这就需要搞清楚应概括怎样的共性,如何准确地提出新问题,需要怎样的新工具和新方法等。对于这些问题都需要进行预测和创造，而要顺利地解决这些问题必须依靠数学思想作为指导。

（四）数学思想方法是课堂教学质量的重要保证

数学思想性高的教学设计，是教学高质量进行的基本保证。在数学课堂教学中，教师面对的是几十个学生，这几十个智慧的头脑会提出各种各样的问题，随着科学技术的现代化，学生知识面的拓宽，他们提出的问题有许多是教师难以完全理解的。面对这些活泼肯钻研的学生提出的问题，教师只有达到一定的思想深度，才能保证准确辨别各类问题的症结所在，给出中肯的分析；才能恰当适时地运用类比联想的思维方法，给出生动的陈述，把抽象的问题形象化，复杂的问题简单化；才能敏锐地发现学生的思想火花被数学课堂变化，找出闪光点并及时加以提炼升华，鼓励学生进行大胆创新，被众多的学生牢牢地吸引住并能积极主动地参与到教学活动中来，真正成为教学过程中的主体才能使具备一定思想性的教学设计变成高质量的数学教学活动。

数学课堂教学质量可以理解为学生思维活动的质和量，就是学生知识结构、思维方法形成的清晰程度以及他们参与思维活动的深度和广度。可以从"新、高、深"三个方面来衡量一堂数学课的效果。"新"指学生的思维活动要有新意，"高"指学生通过学习能形成一定高度的数学思想，"深"则指学生参与到教学活动的程度。

有思想深度的课，能给学生留下长久的思想活力和知识的深刻理解，在以后的学习和工作中，他们可能把具体的数学知识忘了，但数学地思考问题的方法将永存。教师进行数学教学的根本目的，就是通过数学知识和观念的培养以及一些数学思想的传授，让学生形成一种"数学头脑"，使他们在观察问题和提出问题、解决问题的每一个过程中，都带有鲜明的"数学色彩"。这样的教学一定会有真正的实效和长效，真正提高人的素质。

数学课堂教学是教师"主体表演"的过程，是语言、动作、板书演示、语言交流、情感交流等融于一体的过程。在这种过程中，往往既能反映出教师专业基础知识的情况，又能反映出教师的教学理论的掌握情况，同时还可反映出教师的数学思想的有关情况。实践证明，在数学教学中，数学思想、方法已经越来越多地得到人们的重视，特别是在数学教学中，如何使学生较快地理解和掌握数学思想、方法，更是广大初中数学教师所关心的问题。

（五）强化数学思想方法的学习是提高课堂教学效益的保证

在知识传授的同时，强化对数学思想方法的渗透，是提高课堂教学效益的基本保证。在数学课堂教学中，教师在指导学生进行学习时，只有站到让学生通过学习知识的角度上，感悟数学思想的高度，才能保证及时准确地找到暴露出来的各种问题的症结，从中给出正确的分析与判断；才能做到把抽象的问题形象化，复杂的问题简单化；也只有这样，才能引导学生积极主动地参与到探索、发现的活动中来，使数学课堂成为高效益的活动过程。这种强化数学思想作用的课，能给学生留下长久的思想启发和知识的深刻理解，在以后的学习和工作中，他们可能把具体的数学知识忘掉，但解决数学问题的思想和方法将永存。

二、初中数学教学中应强调的主要数学思想方法

对于初中数学中常用的数学思想方法,数学家和数学教育工作者的表述也不尽相同。概括起来,可以分为两类。一类是科学思想在数学中的应用,如分类讨论、分析与综合、归纳与演绎、类比、化归思想等;另一类是数学学科特有的思想方法,如符号与变元表示、模型化、集合与对应、公理化与结构化、数形结合、函数与方程、极限、算法与程序化、概率统计的思想方法,等等。我们认为,数学教学应在重视基础知识教学的同时,重点突出下面几种重要的数学思想方法。

（一）优化思想

优化思想是指在一定条件下力求获得最优结果的思想与观念。数学中诸如求最大（小）值,生产中降低消耗、提高效益等问题的解决,都需要运用优化思想。优化思想为"大众数学"所关注,数学课程应有利于培养学生形成自觉的有意识的优化思想,掌握有效的优化方法,并使学生能够运用到未来的社会活动中去。

（二）概率与统计思想

未来社会的公民只有具备一定的处理信息的能力才能在信息社会中处于不败之地。

（三）符号化与变元思想

使用符号化语言和在其中引进变元思想是数学高度抽象的要求,它能够使数学研究的对象更加准确、具体、形象简明,更易于揭示对象的本质,极大地简化和加速思维过程。"大众数学"课程设计中应注重符号化与变元思想。

（四）函数与方程思想

函数思想是指变量与变量之间的一种对应思想,或者说是一个集合到一个集合的一种映射思想。而方程思想则是函数思想的具体体现,是已知量和未知量的矛盾统一体,是变量与变量互相制约的条件,它反映了已知量和未知量之间的内在联系。它们在解决一般数学问题中具有重大的方法论意义。

（五）数形结合思想

从最广泛的意义上来理解数学的话,它就是研究两个问题：数和形。数与形是数学大厦最深处的两块奠基石,全部数学都是围绕数和形的提炼、演变、发展而展开的。两者在内容上互相交叉,在方法上相互渗透、补充,并在一定条件下互相转化,这两种形式的转化,数学中叫作数形结合。数学中,数和形是两个最主要的研究对象,它们之间有着十分密切的联系,在一定条件下,数和形之间可以相互转化,相互渗透。

（六）数学建模思想

数学建模思想就是把现实世界中有待解决或未解决的问题,从数学的角度发现问题、提出问题、理解问题,通过转化过程,归结为一类已经解决或较易解决的问题,并综合运用所学的

数学知识与技能求得解决的一种数学思想和方法。

（七）转化的思想

解题，就是意味着把所要解的问题转化为已经解过的问题。可以说，任何一个数学问题都是通过数或形的逐步转化，成为一个比较熟悉、比较容易解决的问题，通过对新问题的解决，达到解决原问题的目的。可见，转化是解数学问题的一种重要方法。数学解题的过程实际就是转化的过程，换言之，解题就是把所要解决的问题转化为已经解决熟悉的问题的过程，通过对条件的转化、结论的转化，使问题化难为易、化生为熟，最终求得问题的答案。

（八）推理意识

推理意识是指推理与讲理的自觉意识，即遇到问题时总是能做到自觉推测，并做到落笔有据，言之有理，这是数学严密的逻辑性的反映。推理意识主要包括演绎推理、归纳推理、类比推理的自觉意识。

第三节 数学思想方法教学的特点分析

一、数学思想方法教学的主要特点

由于数学思想方法与数学知识的内涵与作用有着明显的不同，因而其教学过程不再如同数学知识的教学过程那样，按照"概念—例题—习题"的模式进行，从而形成了自身的教学特点。

（1）数学思想方法的形成，并不像数学知识那样，一次性基本定型，而是应随着它在不同知识中的体现、随着学生对这些相应知识的学习，它也在不断地丰富着自身的内涵。因此，学生对它的认识，也应该随着自身知识的增加，逐渐深入。所以，就数学思想方法的教学而言，并不期望一次性完成，而应在不同内容的教学过程中、不同年龄段学生的教学活动中，最终以不同的形式交替出现，从而使得学生对数学思想方法有较为深刻的理解，最终形成良好的精神品格。例如，"运动变化"的思想方法，从小学里的算术法解应用题开始，到以后学习过程中历经不规则图形的度量问题、解方程问题、函数问题等内容，这种方法都可以得到较好的练习，并逐渐使学生基本掌握。

（2）同一个数学思想方法在不同阶段的要求不同。人们对于每一个数学思想方法的认识，随着自身数学知识的增加、认识水平的提高，抽象思维程度的增强而不断得到加深。这就要求我们在教授学生对同一个数学思想方法的形成过程中，应充分考虑到学生的年龄特征、心理活动水平；在不同阶段的教学中，对学生提出不同程度的要求，顺应学生思维水平的发展。例如，对于"换元法"的教学，在代数式的求值部分，要求学生了解就可以了；而在一元二次方程及分式方程相应内容的学习中，则要求学生达到熟练掌握并能灵活运用的程度。

二、数学思想方法的教学层次

由于数学思想方法本身具有鲜明的层次特点，其内涵又相当丰富。不同的数学思想方法可以在同一个数学知识点中体现，同一个数学思想方法也可以存在于不同的数学知识点中。这就决定了对数学思想方法的教学绝不能一蹴而就，而是需要有一个长期的层次转化的过程，需要让学习者在长期的学习过程中尽可能多地领悟到其中的真谛。

下面以"对称"观念的教学设计为例，谈谈数学思想方法的教学层次。

就数学对象而言，"对称"是一个独具特色的形式，它可以是一个现象，也可以是一个概念，还可以是一种认知模式、解题策略。对它的理解与运用，有助于促进个体的整体思想、运动与变化的思想、审美意识的形成。对它的教学设计，基本上能体现出数学思想方法教学的四个层次。

(1) 渗透与启迪阶段。在这个阶段，让学生知道在数学中有"对称"这种形式存在。

(2) 意识与领悟阶段。在这个阶段，要让学生认识到对称是一个概念，并能做到深入理解：可以有轴对称、中心对称等。

(3) 形成与应用阶段。把对称作为一种思维模式，自觉地意识到某些"对称"现象，并以此作为求解问题的突破口和策略，去构造问题的解。利用对称可以研究某些特殊的三角形、四边形及圆的有关性质。

(4) 深化与发展阶段。通过前三个阶段的学习，对称作为一种认知模式在同学们的认知结构中基本建立起来了，它表现出个体自觉地意识到某些"对称"现象，并以此作为求解问题的突破口或策略，去构思问题的解。若要使学生对于"对称"模式的认知运用或超越"直观"的水平，则需使之彻底摆脱几何图形的束缚，从而渐升为一种思维方式，甚至一种观念。

对称作为一种重要的数学思想方法，经过以上四个阶段的学习，已经在同学们的知识结构中根深蒂固地建立起来。

第四节 数学思想方法的教学原则及途径

一、数学思想方法的教学原则

数学思想方法已成为未来社会公民必须具备的数学素养的核心内容。对于数学思想方法的教学，应遵循的原则如下。

(一) 目标性原则

数学课程标准既然已经把数学思想方法教学纳入到数学基础知识的范畴，那么，在进行课堂教学设计时就应该有设计到关于数学思想方法的教学目标。这样，才能保证数学思想方法的教学落到实处。要落实好数学思想方法教学的目标性原则,应做好以下三方面的工作。

(1) 从总体上把握初中数学教材中出现或蕴藏的数学思想方法。现行初中数学课本中出现或蕴含的数学思想方法可分成三种类型:宏观型的思想方法,如抽象概括、化归、数学模型、数形结合、归纳猜想等;逻辑型的思想方法,如分类、类比、完全归纳、反证法、演绎法、特殊化等;技巧型的思想方法,如换元法、配方法、待定系数法等。

(2) 对某些重要的数学思想方法进行分解、细化,使之明朗化。可使用"了解(认识)、理解、掌握、灵活运用"等刻画数学思想方法的目标动词,也可使用"经历(感受)、体验(体会)、探索"等刻画数学思想方法被发现、形成的过程性目标动词。

(3) 在每一节课的教学中,应将数学思想方法的教学目标恰当地分配到课堂教学的各个环节中,以达到一般数学知识的教学目标与数学思想方法的教学目标有机结合,并具有较强的操作性。

(二) 渐进发展原则

由于数学思想方法本身具有鲜明的层次,其内涵又相当丰富。这就决定了数学思想方法的教学应与知识教学、学生认识水平相适应,对数学思想方法的教学绝非一蹴而就,应遵循螺旋式上升、阶梯式的层次结构,需要有长期的层次化过程。数学思想方法的教学可分为四个阶段。下面以化归思想方法为例简要说明每个阶段的任务。

(1) 渗透和启迪阶段。通过有理数大小的比较、四则运算、整式加减、一元一次方程解法的教学来反复孕育化归思想方法,使学生初步了解和体会到化归思想方法的意义和价值。

(2) 意识与顿悟阶段。通过二元一次方程组、一元一次不等式(组)、整式乘除等内容的教学,从正面向学生介绍化归目标、确定化归方法,并通过引典故、举范例,进一步深化学生对化归思想方法的认识。

(3) 形成与应用阶段。通过对这些内容的教学来引导学生的思维参与到知识的发生、发展过程,进一步揭示、概括、提炼化归思想方法,从较高的层次上领悟化归思想方法的含义及其价值。在宏观上培养学生应用化归思想方法的能力;在微观上强化化归技能(巧)的训练,使学生将现有知识形态的化归思想方法逐渐内化为意识形态的化归思想方法。

(4) 深化与发展阶段。特别是解几何题时,引导学生把欲解问题作为化归对象,把基本图形作为化归目标,将复杂图形化为基本图形等。通过不断地在新情境下应用化归方法,可使学生进一步深化、巩固并发展对化归思想方法的理解。

(三) 反复渗透原则

数学思想方法的教学必须依附于数学知识的教学,但又不同于一般数学知识的教学。在具体数学知识的教学中,一般不直接点明这些知识所应用、涉及的数学思想方法,而是通过精心设计的教学过程,采用教者有心、学者无意的方式引导学生逐步领会蕴含在其中的数学思想方法。数学思想方法具有高度的概括性,它以元知识的形态与数学知识交织在一起。因此,对它

的教学只能采用渗透性的方式。为了贯彻好这一原则,教师应做到以下几方面:

(1) 深入挖掘教材内容。数学知识是数学思想方法的载体,数学思想方法是通过数学知识来体现的。在实际的数学教学中,教师应以数学知识为载体;认真备课、精心准备,把教材中所蕴含的数学思想方法的相关知识挖掘出来,设计好导学程序,以便于恰当适时地向同学们渗透数学思想方法。

(2) 正确把握渗透方法。人们对每个数学思想方法的认识,是随着自身数学知识的增加、认识水平的提高、抽象思维程度的增加而不断加深的。再加上数学思想方法具有概括性、本质性等特点,这就决定了对它的教学应采用早期渗透、逐步渗透、反复渗透的方法,以适应学生思维水平的发展。

(四) 学生参与原则

数学思想方法的教学也是数学活动的教学,教师应引导学生积极地参与到数学思想方法的形成过程中来。这一原则要求教师要通过导学设计,努力给学生营造一种氛围,给学生提供思维活动的空间,促使他们积极进行思维活动。通过思考,产生一种内动力,从而使学生积极主动地参与到数学知识的发生过程中去,通过自己的内化,逐步领悟、形成并最终掌握数学思想方法。只有这样,学生对数学思想方法的理解、学习才是有意义的。

(五) 概括和提炼原则

对数学思想方法的教学不仅要符合数学思想方法自身的特点,也要符合学生的认知规律。同一个数学知识可以蕴含不同的数学思想方法;同一个思想方法又常常分布在许多不同的知识点里。这就决定了数学思想方法自身的教学特点:

(1) 数学思想方法的教学需要在不同内容的教学中进行。

(2) 同一个数学思想方法在不同阶段的要求不同。即数学思想方法的教学形式主要是以数学知识为载体并按分散的方式进行。这也决定了对它的教学必须遵循不断概括和提炼的原则。

进行数学思想方法教学,除按照一般的教学原则进行外,还要遵循一些特别原则,以上所述的五条原则,是加强数学思想方法教学所必须遵循的。教师应不断提高对数学思想方法的认识,把掌握数学知识和掌握数学思想方法同时纳入到教学目标中去,并按上述原则进行,才能收到良好的教学效果。

二、渗透数学思想方法的主要途径

(一) 在概念教学中渗透数学思想方法

数学概念是学生学习的主要知识,从课程论的研究观点看,数学概念是构成数学教材的基本结构单位,正是因为这些数学概念的存在,才形成了数学教材的知识结构,这个结构是数学应用与学生进一步学习的基础。所以说,决定数学教学效果的首要因素、基础因素和贯穿始终的因素就是概念要明确。在进行数学概念的学习时,人们先通过感觉、知觉对客观事物形成感性认识，再经过分析比较、抽象概括等一系列思维活动抽取事物的本质属性才形成概念。可见，学习数学概念是一个过程，在这个过程中，教师千万不可只是简单地给出定义，而应该设法引导学生感受及领悟隐含于概念形成之中的数学思想和方法。

（二）在定理、公式及法则的教学中展示数学思想方法

数学定理、公式、法则的取得都是数学思想方法运用的成功范例。因此，在定理、公式及法则的教学中不要过早给出结论，而应引导学生参与结论的探索、发现、推导过程。搞清其中的因果关系，领悟与其他知识的关系，让学生亲身体验创造性思维活动中所经历和应用到的数学思想和方法。

（三）在问题解决探索过程中揭示数学思想方法

在数学问题的探索教学中，重要的是让学生真正领悟隐含于数学问题探索中的数学思想方法。使学生从中掌握关于思想方法方面的知识，并使这种"知识"消化吸收成具有"个性"的数学思想。

（四）在知识的归纳总结中概括数学思想方法

数学思想方法贯穿在整个初中数学教材的知识点中，以内隐的方式融于数学知识体系。要使学生把这种思想内化成自己的观点，应用它去解决问题，就要把各种知识所表现出来的数学思想适时做出归纳概括。教师在引导学生进行章节复习以及对知识进行总结复习，同时，一定要把统领这些知识的数学思想方法概括出来，增强学生对数学思想的应用意识，从而有利于学生更透彻地理解所学的知识，提高独立分析、解决问题的能力。

例如，有理数的运算是应用最广泛的一种基本运算，教师在引导学生复习这一内容时，除了复习有理数的几种运算法则之外，还应重点让学生体会、感悟以下几种数学思想方法：

（1）分类思想。有理数的加法法则、乘法法则、乘方运算的符号法则等内容研究，都按有理数分正数、负数、0三类分别研究的。

（2）数形结合思想。有理数加法法则就是利用数轴，运用数形结合的方法经过探究得到的。借助于数轴的直观性，可以较容易的理解和掌握。

（3）化归思想。有理数的减法就是利用"相反数"这一概念转化为加法来运算的，得到了减法法则：减去一个数，等于加上这个数的相反数。这一转化，使得加、减运算得到统一；有理数的除法就是利用"倒数"转化为乘法来运算的，得到了除法法则：除以一个数，等于乘以这个数的倒数，从而使得乘、除法运算得到了统一。

第五节 数学思想方法的教学中应注意的问题

一、要重视数学史和数学思想史的介绍

教学中要尽可能多地向学生展示数学知识的形式和演变过程中的数学思想方法及功能，使

学生学习到数学家们探索和研究数学的思想方法,让学生感受到数学思想方法的巨大价值。

二、要倡导"问题解决"的教学模式

未来的数学课程将力求形成"问题情景—建立模型—解释、应用与拓展"的基本叙述模式,以大众化、生活化的方式反映重要的现代数学观念和数学思想方法。"问题解决"的教学模式要求教师为了引导学生学习某个问题必须精心设计出关于教学内容的问题系列,让学生围绕这些问题进行积极的探索性的思维活动。设置的问题,要启发引导学生去发现、分析并解决。这样不仅能使学生成功地学习到知识,而且能学到统摄知识的数学思想方法,从中让他们体验到发现数学真理的奥妙和学习数学的愉悦心情。

三、重点突出基本数学思想方法的介绍和传授

在数学教学中应渗透以下三种类型的数学思想方法。

（1）宏观型的数学思想方法,如抽象概括、化归、数学模型、数形结合、归纳猜想。

（2）逻辑型的数学思想方法,如分类、类比、完全归纳、反证法、演绎法、特殊化等。

（3）技巧型的数学思想方法,如换元法、配方法、待定系数法等。

据统计,初中数学教材中数学思想方法频数分布排列前六位的是：数学模型、演绎、抽象概括、化归、特殊化和归纳猜想,值得注意的是,在当前的教学中,以上六种数学思想方法中仅对演绎法有一定程度的重视,而对其他方法的重视则不够。事实上,另外五种宏观型的逻辑型的数学思想方法不仅在数学领域具有广泛的应用,而且在其他学科甚至日常生活中也有普遍适用性,也是将现实世界数学化的重要方法。因此,我们在保持重技巧型数学方法训练的同时,还应加强对宏观型和逻辑型数学思想方法的教学,这也是素质教育,特别是创新教育向教师提出的更高的要求。

进行数学教学的根本目的,就是通过一些具体知识的传授渗透一些常用的数学思想方法,让学生逐渐形成一种"数学头脑",使他们在观察问题、提出问题、分析问题、解决问题的每一个过程中,都带有鲜明的"数学色彩"。

第七章　初中数学教学情境的创设

第一节　教学情境创设的方法

一、利用现实生活问题或趣味性的问题创设情境

想要找到适合不同年级学生的教学方法就需要考虑学生的年龄层面、受教育状况和接受限度，对于初中生来说只有自己在摸索的过程中对事物产生疑问才会有更深入的想法。这一点对于教师来说可以作为新的教学思考点，教师可以先将学生带入到数学氛围中，因为学习内容枯燥时间久了学生思想会比较不集中，所以在具体认识过程中要为学生设疑，一旦学生有了想要解决疑难点的想法，就会开始被这种好奇的疑问点吸引，会产生想要亲自动手解析的欲望，再加上教师从旁指引教学任务就完成了大半。教师为学生设置关于新内容的疑问都属于为学生制造带问题的学习氛围，这种方式是经过许多实例检验的，是可以有效地使学生产生探索和主动性的想法，学生参与的热情提高学习成果才能更丰富。

二、利用数学与生活、生产的联系创设情境

教育部设置的数学相关纲要中主要提出不能将数学内容架空，长久以来如果学生学到的数学内容得不到实际的应用，学生就会自觉减少对自己会产生陌生感事物的接触。所以数学的学习应该是能将学生本身具有的经验调动出来帮助掌握数学新内容，再加上学生的亲自实践可以形成属于自己并具有独特性的接受方式。这个过程中教师需要做好连接点的作用，将数学原理公式和学生的生活实际相连接，让学生在平常就能感受到其带来的作用。

三、利用数学合作交流创设情境

教学的内容方式不能与学生的距离过远，架空于学生之上，只有与日常生活相联系的理念接受起来才会更快更轻松，所以教师应该根据学生基础状态，建立学习探索新内容的架构。给学生足够的自己摸索的空间来形成对一个理念完整的认识过程，在这个过程中学生既能得到概念的掌握还能获得发现新事物的满足感，产生新的兴趣点。

四、利用学生认知上的冲突创设情境

人如果要学习一项新的技能也不能在几次的练习中就完全掌握，学生学习的过程也是一

样,需要经过对新内容的反复推敲或经历推导的失误才能真正形成对新内容的把握,经历不正确的结果对于学生来说也有一定的积极作用,可以刺激学生去发现新的前进方向。尤其是对于初中生来说,关于接触事物的完整认识状态还没有达成,所以会经常跟随主观想法偏离探索的主体部分而产生问题,教师应该利用好产生问题的机会,将其设置成新内容学习过程中的疑问点,将无效问题变成学生学习的吸引力。

如果学生在接触新内容的过程中不能产生对新内容的疑问,那就不容易产生对它探索和深入研究的欲望,失去了动力就会缺少前进的方向和措施。所以教师可以着重观察学生在日常中会对哪一方面产生好奇,利用这点在教学中设置吸引学生的疑问点,增加学生主动参与探索新内容的积极性,让学生独立完成对知识点的解析。

五、利用数学与相关学科的关系创设情境

目前对于具体科目的教学来说,教师不能只停留于反复叙述基础概念,要对书上的内容进行次序的改进,排列出符合学生接受状态的内容,同时可以在不同学科之间建立起相关内容的联系,让学生从完整的视角看待要接触的新内容。

(一)与语文学科的联系

在学生的传统印象中,数学同语文这门学科的联系不大。然而在数学教学中,教师可以将语文学习中的许多思想和办法引入到数学课堂,让这两门学科产生神奇的联系,使学生触类旁通地深入理解数学概念。

(二)与物理学科的联系

数学中的科学计数法与物理中的密度表示有所不一样,物理中的千克/立方米,就不是数学中的科学计数法,在接触物理中的密度表示之前,他们几乎不会发生这样的错误,在学完了密度以后经常会出错,总认为就是数学中的科学计数法,所以说学习的最大障碍是已知的知识,而不是未知的知识。

因此,就要创设适当的情境让学生在比较中学会学习,学会新旧知识的联系和区别,避免知识的"负迁移"。

(三)与英语学科的联系

在学习"探索直线平行的条件"找同位角、内错角、同旁内角时,有些时候图形比较复杂,不太容易。教师建议学生把同位角与英文字母 F 联系,内错角与英文字母 Z 联系,同旁内角与英文字母 U 或者 N 联系,所以找这三种角就是找这几个英文字母,既快又准,学生觉得学习很轻松,一点都不会眼花缭乱,真的能够做到把这些角找得不重复、不遗漏。

六、利用数学故事、数学发展史创设情境

对于数学科目来说,进行教学时如果只是单纯的理论公式的讲解,而学生没有参与的过

程，那么学生会逐渐失去对教学内容的兴趣。但是可以将与数学内容有关的概念提出者的背景故事给学生介绍，具体的故事因为情节连接的比较紧密就会比较有吸引力，所以就能够比较集中学生的注意力，在这个过程中再加入数学的知识也不会让学生产生距离感。教师可以将数学故事放在正式学习新内容之前进行讲述，使其对学生的吸引力得到最大程度的发挥，或者在课堂进行过程中发现学生想法和注意力开始偏移之后也可以插入故事的讲解，将学生的目光带回新内容的解析中，使其思维从懒散和休息状态中出来。而且数学故事并不单纯只是好玩和有吸引力，其中也包含前人对于那个时期理论的探索过程，也是值得学生用来借鉴的部分，增加学生对整个数学背景状况的了解。

七、利用学生的实践活动创设情境

根据现今实际教学枯燥而流程单一的特点，学者们总结创制出了教学氛围感的概念，就如同人们在电影院和在家里看同一部电影片但是状态完全不同，因为影院的整个物品环境的设置都是服务于看东西的活动，制造了独立于其他空间之外的特殊氛围。这点可以带入到数学教学的环节中，教师可以通过介绍对学生有吸引力的内容先将学生整体的兴奋感调动出来，然后学生就有机会产生主动进入探索的想法，教学活动的前部分就已经初具成果了。并且数学知识本身可操作性就比较强，教师可以以此为支点在课堂上带领学生一起演示推算，对于学生日后参与社会工作来说也提供了一定的实际经验。将设置教学氛围和演示操作结合加入课堂，既可以增加学生接受状态的集中程度也可以锻炼学生全方面的才干。

八、利用多媒体辅助教学手段创设情境

无论是哪一学科的教学都不能将自己固定在传统教学方式的范围内，如果不能在实际过程中加入新开发的媒体技术，则会过度消耗课堂板书和识记的时间，而且若教学讲授内容都是文字，时间久了会使学生产生厌倦的情绪，因此可以加入幻灯片和其他小视频内容调动学生的学习状态。同时幻灯片上展示的内容是具体知识不同于课本描述的另一种状态，学生的其他感官和大脑一起接受新的内容，学生对于新知识会有更加立体的形象感受，并且将新内容的具体状态直接展示在学生面前，减少学生通过文字描述对其进行想象建构形象的时间，增加学生的接受体验感。

九、利用初中数学与小学知识的联系来创设情境

学生的年龄阶段不同所能接受的内容和感兴趣的学习方式也不一样，不同于小学时期乐于接受图画类的新内容，目前学生更倾向于对能让自己发现运行规律的事物感兴趣。这对于教师思考导入环节内容有启示作用，教师可以在其中加入时下热度较高的话题吸引学生，将其与要学习的内容相结合教授给学生。教师要不断创新讲述的方式，做好为学生提供服务和基础支点

的作用，最终还要给学生更多发挥和钻研的空间，不论教师认为所提供的的具体方法如何适用于学生，还是需要经过他们自己的应用操作才能知道。

第二节 教学各环节的情境创设

在创设课堂教学情境时，教师是在充分挖掘教材的基础上精心设计的，创设情境能点燃学生智慧的火花，激发学生的创造情绪，给学生提供自主探索的机会，让学生在实践的过程中，不断地发展解决问题的能力，体会到数学的价值。一节成功的数学课上，不单单是一个情境的创设，而是在整个教学过程中，各个环节都需要进行情境创设，把所要达到的教学任务贯穿在整个课堂的情境设计之中。

一、新课引入中的情境创设

良好的开端是成功的一半。如果教师能在新课的开始，针对学生的心理发展规律，精心设计情境，用准确且简练的语言适时而精妙地导入新课，就可以迅速吸引学生的注意力，引起学生对所学知识的求知欲。因此，在新课引入中应进行情境创设，从而唤起学生思考，明确自己的学习目的，强化师生感情。

（一）设计生活情境引入

例如，"合并同类项"一课，可以这样引入：教师从抽屉中拿出一把硬币放在讲台上，之后问学生："你们能告诉老师这里有多少钱吗？"学生："能"。教师派一名代表上前来数，他说："9元！"教师接着问："你是怎么知道的呢？"学生马上回答说："10个5角的加一起就是5元，4个一元的加在一起就是4元，总共是9元。"教师总结："这位学生做得非常好。他把5角的硬币归为一类，又把一元的硬币归为另一类，方便计算，像这样把同一事物归为一类，就是我们接下来要学习的同类项。"一个非常简单的生活情境起着抛砖引玉的作用，整个学习过程对孩子接下来的学习就充满兴趣，很自主地投入到学习中去。

（二）创设故事情境引入

生动并且有趣的素材会使学生乐于学习，从素材中引发的问题进行思考有利于学生对知识内容的掌握和理解。大部分学生都没听说过数学知识方面的故事，而听故事对于初中学生来说是他们所喜爱的事情。因此，创设一个故事情境，能使学生在丰富的故事背景下探索出问题的答案，激发了他们思维的灵活性。

二、新课进行过程中的情境创设

对于一堂初中数学课，教学任务主要是让学生在新课讲解的过程中，完成对知识点的掌握。在设定的情境中，由教师引导学生主体对数学知识的认知活动就是数学学习的过程。课堂上,在学生已有的知识水平和学生的情感态度的调配下,对新知识不断进行吸收,使知识结构更加完善、清晰、从而实现学习目标。

因此,在教学过程中,教师要通过创设情境保持学生对学习内容的注意;通过创设情境来营建一个愉快而和谐的课堂氛围;通过创设情境让学生积极主动地参与到教学活动中去;通过创设情境启发学生的数学思维,促使他们交流思想,表达情感。

（一）创设联系旧知识情境

根据初中学生对已经学过的知识容易遗忘的特点,在课前引入时,教师要先复习旧的知识,在新课进行过程中,以学生已经掌握的知识做铺垫,创设由浅显到深奥的教学情境,引导学生把学过的知识迁移到要学的新知识上来,抓住两者的内在联系,引导学生进行对比分析,得出结论。

（二）创设课堂讨论情境

讨论情境就是在教师的指导下,学生之间为寻求某个问题的答案而进行商讨,分析出谁对谁错,最后得到应该掌握的知识。在课堂上创设讨论情境有利于培养学生创新思维能力和口头表达能力,能让学生积极主动地参与到课堂教学中,促进学生灵活地运用数学知识。在教学过程中创设讨论情境教师要鼓励学生发表自己的看法,从不同的方面去思考问题,并通过小组合作、讨论交流,对所学内容有一个全面地、深刻地认识。

三、课堂练习中的情境创设

课堂练习对于每节数学课都是至关重要的教学环节,它能让学生在巩固知识、形成技能的基础上培养他们的数学能力,既保证了教学任务的顺利完成,又减轻了学生过重的课业负担,提高了教学质量,对全面实施素质教育、进行新课程改革有着重要的意义。创设课堂练习的情境,能使学生将所学的知识转化为社会发展所需要的技巧、技能,提升他们解答问题的能力。

（一）通过制造错误找出原因,创设情境

在练习中,教师往往都会根据自己的经验,编排一些判断题,让学生判断正误,在这个过程中不仅能让学生巩固所学的知识,而且能让学生找出典型的错误,避免学生今后再犯同类错误。

（二）创设发现式练习的情境

在课堂中,创设发现式练习的情境,不仅有利于学生归纳概括能力的培养,同时有利于学生自主发现能力的养成。学生在练习的过程中,首先,对练习题进行观察,进而通过比较、分析、综合的方式,发现规律,提出假设猜想并应用所学知识加以论证,从特殊扩展到一般,使抽象的知识转化为学生内在需要的知识;从感性认识过渡到理性认识,使学生的思维产生质的飞跃。

四、课堂小结中的情境创设

在大力推广新课程理念的同时,情境教学是新课程理念所倡导的一种值得借鉴的教学模式。而在如今的数学课堂中,教师们往往设计了丰富多彩的导入情境、充满探索的操作活动,对课堂小结的创设却不够重视,往往是由学生或教师大体地概括一下本节课的知识点,这就出现了"凤头熊腰蛇尾"的现象。

课堂小结可以高度概括本节课中知识的重难点,为下节课需要学习的知识做铺垫,是前后知识联系的重要环节。课堂小结能对学生本节课学习的零碎的知识点进行数学建构,使学生形成清晰的知识脉络,完善其知识系统更加,因此,数学课堂小结的创设需要教师的高度重视,这样一堂课才会更精彩。

第三节 情境创设与教学效果

一、数学课堂情境对知识掌握的有利作用

教师需要时刻提醒自己建立教学氛围是为具体教学内容服务的,不能通过设置的氛围环境带领学生想法偏离主题。在幻灯片制作方面需要贴合具体内容,将语言描述不出的部分输入在屏幕上,减少学生想象解析复杂语句的时间。如果教师还能控制好学生独立操作钻研的内容,再加上氛围的营造就能够真正有利于学生对数学内容的掌握。

二、数学课堂情境对知识掌握的不利影响

如果教师打造的整体氛围使学生沉浸于其他内容时间过长,学生的思维方向就不容易被教师带领回来,原本调动起来的思维状态会停滞,不利于其接受新内容。教师还需要把握好课堂涉及到的教学内容应当是学生现阶段年龄可以弄清楚的,如果提到的思想故事和已设置的氛围不相宜,学生对于这个科目的信心会被直接打击,关于这部分教学设计可以参考学生的基础水平。

第八章　初中数学的教学方法

第一节　普遍的数学教学方法

一、讲授法

（一）概念

讲授法是教师通过口头语言向学生描绘情境、叙述事实、解释概念、论证原理和阐明规律的教学方法。它是教师使用最早的、应用最广的教学方法，可用于传授新知识，也可用于巩固旧知识。而其他教学方法的运用，几乎都需要和讲授法结合进行。

（二）讲授法的理论依据

人们对讲授法最普遍的印象是"教师讲，学生听"，而且往往会在课堂上持续几十分钟，这是讲授法最经常引起置疑、招致批评的原因所在。其实，在静听中的学生并不是"被动"的。当教师运用讲授法时，并不是向容器中灌水，在学生静听的外表之下，是自觉地、有意识地努力，是大脑深层能动、紧张、丰富的建构过程。其实，人们可能没有意识到，在指斥讲授法是灌输、被动的同时，无意中恰恰地将学生当作"容器"或"白板"了，似乎学生对教师的讲授是不能思考、不发生智力活动的。

学习是有意义的还是机械的，并不决定于教学或学习的方式，而决定于是否满足有意义学习的心理过程和条件。讲授法从来就是任何教学法体系的核心，因为它是传授大量知识可行和有效的方法。接受学习虽然从现象方面看比发现学习简单一些，但奇怪的是，它在发展上出现较晚，尤其是它的高级的和单纯的言语的形式更是如此，它需要较高的认知水平。在这种场合下，智力越成熟，就越有可能采取较简单且更有效的认知活动方式来获得知识。儿童在进入学校后，发现学习的优先地位逐渐让位于接受学习，随着他们心理、智力和语言的成熟，接受学习的地位也就日益强化。

即使在小学时期，独立发现对于直觉理解来说并不是绝对不可缺少的，它也没有必要成为教学法的一个例行的部分。因为每一个小学教师都知道，有意义的言语接受学习——即使没有任何问题解决的经验或发现的经验——如果有可以利用的必需的具体经验作为支柱的话，或许是课堂学习的最常见的形式。奥苏贝尔认为，接受学习的心理基础是比发现学习更高级的认知水平，这种学习是自觉的，是通过语言并且脱离具体的对象和情境进行的活动。

在奥苏贝尔看来，无论接受还是发现，这两种过程都可能是机械的，也可能是有意义的。学校的许多接受学习之所以没有获得广泛好评，乃是由于人们通常不理解有意义的接受学习以及对接受学习没有适当准备。奥苏贝尔认为，一个有独立搜集和解释材料的能力，但却没有动机的学生，其所运用的智力活动并不大于接受讲解式教学而没有动机的学生。

在对学校教学的基本看法上，奥苏贝尔认为，虽然学校也要发展学生在各种领域内应用所获得的知识，系统地、独立地和批判地解决特殊问题的能力，学校的这种功能尽管可以构成教育的合法目标，但同它传授知识的功能相比，远不能处于中心地位。就个人的正式教育来说，教育机构主要是传授现成的概念、分类和命题。总而言之，发现教学法几乎不能成为一种高效的传授学科内容的基本方法。

（三）讲授法的优点

讲授法有利于大幅度提高课堂教学的效果和效率。讲授法具有两个特殊的优点，即通俗化和直接性。教师的讲授能使深奥、抽象的课本知识变成具体形象、浅显通俗的东西，从而排除学生对知识的神秘感和畏难情绪，使学习真正成为可能。讲授法采取定论的形式直接向学生传递知识，避免了认识过程中许多不必要的曲折和困难，比学生自己去摸索知识少走了不少弯路。所以，讲授法在传授知识方面具有无法取代的简捷和高效两大优点，这就是讲授法长盛不衰的根本原因。在现行的班级授课制里，采用讲授法能有效地保证绝大部分学生在短时间内学到人类花费漫长时间积累起来的知识和技能。

讲授法有利于帮助学生全面、深刻、准确地掌握教材，促进学生学科能力的全面发展。教材作为学生学习的学科知识体系的一个蓝本，不仅汇集了系统的学科知识，还蕴藏着许多其他有价值的内容，如学科的思想观点、思维方法以及情感因素。但是，由于教材的编写要受到书面形式等因素的限制，对学生来说，不仅知识本身不好读懂，其所潜藏的内涵更是不易发现。而教师由于闻道在先，术业有专攻，能够比较全面、准确地领会教材编写意图，吃透教材、挖掘教材的深邃内涵。所以，正是借助教师的系统讲授和精辟分析，学生才得以比较深刻准确地掌握教材，从而不仅学到学科的系统知识，而且还领会和掌握了蕴含在学科知识体系中的学科思想观点、思维方法和情感因素。这样，学生的学科能力也就得到了全面提高。

讲授法有利于充分发挥教师自身的主导作用，使学生得到远比教材多得多的东西。任何真正有效的讲授都必定是融进了教师自身的学识、修养、情感，流露出了教师内心的真、善、美。所以，讲授对教师来说，不仅是知识方法的输出，也是内心世界的展现。它潜移默化地影响、感染、熏陶着学生的心灵。可以说，它是学生认识人生、认识世界的一面镜子，也是学生精神财富的重要源泉。

讲授法是其他教学方法的基础。从教的角度来看，任何方法都离不开教师的"讲"，其他各种方法在运用时都必须与讲授相结合，只有这样，其他各种方法才能充分发挥其价值。所以，讲授是其他方法的工具。教师只有讲得好，其他各种方法的有效运用才有了前提。从学的角度来看，接受法是学生学习的一种最基本的方法，其他各种学习方法的掌握大多是建立在接受法的基础上。学生只有学会了"听讲"，才有可能潜移默化地或自觉地把教师的教法内化为自己的学法，从而真正地学会学习，掌握各种方法。

（四）讲授法的策略和方法

《基础教育课程改革纲要（实行）》提出："改变课程实施过于强调接受学习、死记硬背、机械训练的现状，倡导学生主动参与、乐于探究、勤于动手，培养学生搜集和处理信息的能力、获取新知识的能力、分析和解决问题的能力以及交流与合作的能力。"新课程大力倡导在课堂教学中让学生开展自主学习、合作学习和探究学习，因此要求教师的教学方式、教学方法要进行相应的转变。在实施新课程的过程中，教学方式应该由单一性转向多样性，而不是用一种教学方式代替另一种教学方式；应该完善每一种教学方式，提升每一种教学方式的内在品质，而不是完全否定某一种教学方式或者完全肯定某一种教学方式。

教师在课堂讲授和教学活动中应遵循"五原则""五环节"和"八步骤"。"五原则"是"启发"而不是"硬灌"；"精讲"而不是"满灌"；"活学"而不是"绑死"；"引导"而不是"代替"；"思考"而不是"专讲"。"五环节"是认真钻研教材，探索教材的有关规律；讲清、讲透课本概念，抓住重点、难点；了解基本原理，加强基本方法的培养与训练；针对教材的重点内容精讲精练；引导学生分析、讨论，得到简明准确的答案。使学生获得牢固知识的"八步骤"是预习—讲解—练习—思考—讨论—提问—解答—记忆。

二、谈话法

（一）概念

谈话法又称回答法。它是通过师生的交谈来传播和学习知识的一种方法。其特点是教师引导学生运用已有的经验和知识回答教师提出的问题，借以获得新知识或巩固、检查已学的知识。

（二）谈话法的特点

谈话法是最古老的教学方法之一。中国古代教育家孔子就常用富有启发性的谈话法进行教学。他还鼓励学生提出问题，对于能提出深刻问题的学生常给予褒奖，并公开表示向学生学习。

（三）谈话法的具体方式

1. 为传授新知识而进行的谈话

一般是由教师根据教学目的提出一系列前后连贯而又富有启发性的问题，引导学生依据已有的经验和知识或根据对眼前事物的观察，进行积极的思考，做出正确的回答，借以获得新知识，也称启发式谈话法。

2. 为巩固知识或检查知识而进行的谈话

根据学生学过的教材提出一些问题，要学生通过回忆旧知识进行回答，经过知识的再现达到巩固或检查的目的，也称再现谈话法或问答式谈话法。

3. 教师在讲授过程中或者在学生活动过程中进行的谈话

这种谈话有助于提高学生听讲的积极性，提高传授知识的效率；有助于学生顺利地完成独立作业，或明确学习的重点，也称讲授谈话法。

（四）谈话法的一般要求

提问要适合学生程度，有启发性。问题的表述方式应通俗易懂、含义明确，便于理解；提出的问题有一定的逻辑联系，在班级教学中，面向全班提问，然后指定个别学生回答；教师可以提问学生，学生也可以向教师质疑。

（五）谈话法的具备条件

（1）学生对教师提出的问题已具有一定的知识基础。

（2）学生对教师出的问题已具有某些实际的生活经验或表象。

（3）学生对教师提出的问题虽无一定的知识基础和必要的生活经验，但能够用观察、实验、直观教具、逻辑推理或者用已知的现象做对比。

（六）谈话法的注意事项

（1）教师要有充分的准备，谈话要有计划性，并拟定出谈话提纲。

（2）提问的问题要明确，要有启发性，要难易恰当；提问的对象要普遍，对不同性质、不同程度的问题，要适当地让不同程度的学生回答。

（3）教师要注意听取学生的回答，不论学生回答正确与否，都要有明朗的态度。

三、讨论法

（一）概念

讨论法是在教师的指导下，由全班或小组围绕某一种中心问题通过发表各自意见和看法，共同研讨，相互启发，集思广益地进行学习的一种方法。

（二）讨论法的优点

其优点在于能更好地发挥学生的主动性、积极性，有利于培养学生独立思维能力、口头表达组织能力，促进学生灵活地运用知识。与此同时，学生能够及时表达自己的上课思想，可以增加讨论机会，加深同学之间感情，强化和巩固学生课堂记忆的目的。

（三）讨论法的基本条件

1. 教材方面

哪些教材内容可用讨论式教学法呢？概括地说，凡是学生已有一定的基础知识，而新知识又是可以在原有知识的基础上通过分析、归纳就能总结出来的教材内容，可用此方法进行教学。所以，这种教学方法在综合性强的新课、练习课和复习课中，均可使用。

2. 学生方面

首先，学生必须改变过去那种教师讲、学生听的旧习惯，一定要认识到上课的过程就是自己主动学习、积极思维的过程。其次，要有敢于大胆发表自己的见解及敢于争辩的勇气，要有认真倾听别人的意见、正确对待各种讨论结果的良好品质。当然，也应具有相对独立地进行讨论的思想基础和一定的语言表达能力。

3. 教师方面

教师必须摒弃"满堂灌""填鸭式"的教学方法，要有民主思想和民主作风，要有群众观点，要坚信自己的教育对象通过引导、讨论、分析，是能自己学会的，要放下架子与学生打成一片，构成融洽的师生关系，营造融洽的讨论氛围。

（四）讨论法的特点和作用

一种教学方法是否合理，关键是在实施这一教学方法的过程中能否体现"教师为主导，学生为主体"的教学思想。利用讨论式教学法组织教学，教师作为"导演"，对学生的思维加以引导和启发，学生则是在教师指导下进行有意识的思维探索活动。学生的学习始终处于"问题—思考—探索—解答"的积极状态。学生看问题的方法不同，会从各个角度、各个侧面来揭示基本概念的内涵和基本规律的实质。如果就这些不同观点和看法展开讨论，就会形成强烈的外部刺激，引起学生的高度兴趣和注意，从而产生自主性、探索性和协同性的学习。这样的教学方法无疑是体现"教师为主导，学生为主体"这一教学思想。讨论式教学的信息交换模式是信息源多，信息的交换量、加工量大，师生获得的即时反馈信息快而强，能充分调动学生的学习主动性和积极性。

由于讨论式教学法改变了学生在课堂教学中的地位，因此他们既是信息的接受者，更是信息的发出者，他们的思维不再受教师的限制。为了证明自己的观点，他们主动地、积极地去准备材料，搜集论据，进行思考。讨论式教学法要求学生在课前反复阅读教材的基础上，对已有的知识进行分析、加工、推理、论证等一系列思维活动，特别是在讨论和争论中遇到的问题是事先预想不到的，学生要在极短的时间内抓住问题的实质，组织大脑中储存的知识进行分析、推理、论证，从而得出结论。这种高密度的思维活动能有效地培养和提高学生思维的敏捷性、灵活性和独立性，能培养和提高学生独立分析和解决问题的能力，能有效地培养和提高学生的思维能力。

讨论题一般都有难度，学生必须把书本知识和实际问题密切结合，才能解决。这样学生在准备讨论的过程中，运用知识解决问题的能力就能得到培养和提高。同时，还能提高学生的即时反馈能力和评价能力，培养和提高学生的口头表达能力。讨论的过程就是学生把自己的观点通过口头语言的形式准确、清楚、全面地表达出来的过程。在阐明自己的观点、驳斥对方的观点等一系列活动中，学生的口头表达能力会得到锻炼和提高。此外，通过讨论，教师能最大限度地了解和掌握学生个体和总体的知识准备程度和认识状况，随时调节教学进程，加强教学的针对性和有效性；而学生能在讨论中听取别人的发言并做比较，取长补短，扩大视野，有利于新型师生关系和同学关系的建立。

四、演示法

（一）概念

演示法是教师把实物或实物的模型展示给学生观察，或通过示范性的实验，或通过现代教学手段，使学生获得知识更新的一种教学方法。它是辅助的教学方法，经常与讲授、谈话、讨论等方法配合一起使用。

（二）演示法的类型

演示法大体可分为四种：图片、图画、挂图的演示；教具、实物模型的演示；幻灯、录音、录像、教学电影的演示和实验演示。

（三）演示法对教师的要求

演示要突出主题内容，尽量排除在演示过程中对学习内容产生干扰的无关因素。在演示时，要与教师的讲解和谈话相结合，通过教师语言的启发，使学生不是停留在事物的外部表象上，而是使学生的认识上升到理性阶段，形成概念。教具的演示要适时、适当和适度。演示的目的在于帮助理解概念、掌握知识，但最终要逐步离开教具，上升为理性认识。因此，教学中演示教具要恰到好处，过多地依赖教具不利于学生数学思维的发展。

（四）演示法的意义

可以使学生获得丰富的感性材料，加深对概念本质的理解，有利于培养学生的形象思维能力，能够激发学生的学习兴趣，调动学生的学习积极性和主动性。

五、练习法

（一）概念

练习法是在教师指导下，学生巩固知识和培养各种学习技能的基本方法，也是学生学习过程中的一种主要的实践活动。

（二）练习法的组成要素

练习法的基本形式是学生在教师指导下的一种实践性学习。学生在教师的指导下，依靠自觉的控制和校正，反复地完成一定动作或活动方式，借以形成技能、技巧或行为习惯的教学方法。从生理机制上说，通过练习，使学生在神经系统中形成一定的动力定型，以便顺利地、成功地完成某种活动。练习在各科教学中得到广泛的应用，尤其是工具性学科（如语文、外语、数学等）和技能性学科（如体育、音乐、美术等）。练习法对于巩固知识、引导学生把知识应用于实际、发展学生的能力以及形成学生的道德品质等方面具有重要的作用。

按性质和特点来分，练习法一般可分为心智技能的练习，如阅读、作文、计算技能的练习；动作技能的练习，如体育技能、劳动操作技能的练习；文明行为习惯的练习，如卫生习惯、礼貌习惯、守时习惯的练习。

按具体学科来说，特殊的练习的类别又是多种多样的。例如，语文课有听、说、读、写等练习；数学课有各种运算、解题、作图、测量等练习；体育课有体操、田径、球类等练习；音乐课有唱歌、演奏等练习；道德教育课有尊师守纪、整洁卫生习惯等练习。

（三）练习法的优点

练习可以有效地发展学生的各种技能、技巧；练习能很好地集中学习目标，很好地控制课堂教学；练习也能培养学生的自学能力，发现学习中的障碍，培养合作精神，通过表达、交流等方式发展学习的探索精神。

（四）练习法的基本要求

1. 明确练习的目的和要求

练习虽是多次地完成某种活动，但并不是简单的机械重复，而是有目的、有步骤、有指导地形成和改进学生技能、技巧，发展学生能力的过程。因此，在练习时，教师不仅要有明确的目的，而且要使学生了解每次练习的目的和具体要求，并依靠对教材的理解自觉地进行练习。

2. 精选练习材料

练习材料要根据练习目的、学生实际情况以及学习和生活上的实际需要加以选择，要加强基本技能的训练，把典型练习、变式练习和创造性练习密切结合起来，努力促进学生技能的积极迁移，使学生能举一反三，触类旁通，发展他们的实际操作能力和创造能力。

3. 正确的练习方法

练习方法要按照确定的步骤进行，不管何种练习，都要求学生思维的积极性。有的练习材料可采用全部练习法；有的练习材料可采用分段练习法（又称单项或分步练习体系），即把某种复杂的操作活动分解为几个部分，先专门练习其中的某一部分，然后再过渡到综合练习。练习开始时，教师通过讲解和示范使学生获得有关练习的方法和实际动作的清晰表象，然后让学生进行练习，先求正确，后求熟练。练习的方式要适当多样化，以提高学生练习的兴趣和效果。

4. 适当分配练习的分量、次数和时间

技能、技巧或习惯的形成，都需要足够的练习。但是，练习的分量和次数要根据学科的性质、练习的材料和学生的年龄特征来确定，不是越多越好。关于练习的时间分配，一般来说，适当地分散练习比过度地集中效果更好。开始阶段，练习的次数要多些，每次练习的时间不宜过长；然后可逐渐延长练习的时距，每次练习的时间可稍微增加。

5. 了解练习的结果

每一次练习之后，检查哪些方面有成效，哪些方面存在着缺点或错误，保留必要的、符合目的的动作，舍弃多余的动作，或组织一些校正性练习。当出现高原状态时，不能轻易认为是生理限度,教师要帮助学生分析原因,指导他们改变旧的活动结构,采用新的方式,并提高他们的信心,鼓励他们突破高原状态,争取更大的进步。练习法的基本要求是对教师的检测。作为特殊教育工作者,我们要以身作则,充分发挥出教师应有的职责,严格要求自己,这样才能保证教学质量。

六、实验法

(一) 概念和基本原理

1. 概念

实验法是学生在教师的指导下,使用一定的设备和材料,通过操作,引起实验对象的某些变化,并从观察这些变化中获得新知识或验证知识的一种教学方法。它是自然科学学科常用的一种方法。

实验法也称试验调查法,是实验者有目的、有意识地通过改变某些社会环境的实践活动来认识实验对象的本质及其发展变化规律的方法。它是一种最重要的直接调查方法,也是一种最复杂、最高级的调查方法。实验法是有一定结构的,即不仅有明确的实验目的,而且有较严格的实验方案设计和控制,其实验结果既可以用于定量分析,也可以用于定性分析。

2. 基本原理

实验者假定某些自变量会导致某些因变量的变化,并以验证这种因果关系的假设作为实验的主要目标。在实验开始时,先对因变量进行测量(前测),再引入自变量实施激发,然后选择其后的某一个时点对因变量进行再测(后测),比较前后两次测量的结果,这样就可以对原理论假设完全证实或部分证实或证伪。

(二) 实验法的类型

实验法按照不同的标准,可有多种不同的分类。

1. 按照实验的组织方式分类

按照实验的组织方式不同,实验法可分为对照组实验和单一组实验。对照组实验也叫平行组实验,是指既有实验组又有对照组(控制组)的一种实验方法。实验组是实验单位,对照组是同实验组进行对比的单位,两组在范围、特征等方面基本相同。在对照组实验中,要同时对两个观察客体(试点客体和控制客体)做前测与后测,并比较其结果以检验理论假设。例如,要检验"管理是提高生产率的要素"这一假设,以某工厂某车间为实验组,实行新的管理方法,以另一个与此相似的车间为对照组,维持旧的管理方法,在一段时间的首尾,同时对两个车间做前测与后测,再比较其结果,得出结论。

单一组实验也叫连续实验,是指对单一实验对象在不同的时间里进行前测与后测,比较其结果以检验假设的一种实验方法。在这种实验中,不存在与实验组平行的对照组(控制组）。同一组在引入自变量之前相当于实验中的对照组，在引入自变量之后则是实验中的实验组。检验假设所依据的不是平行的控制组与实验组的两种测量结果，而是同一个实验对象在自变量作用前和作用后的两种测量结果。

2. 按照实验的环境分类

按照实验的环境不同，实验法可分为实验室实验和现场实验。实验室实验是指在人工特别设置的环境下进行的实验调查。现场实验是指在自然的、现实的环境下进行的实验调查。实验者只能部分地控制实验环境的变化，实验对象除了受到引入自变量的实验激发外，还会受到其他外来因素的影响。实验室实验和现场实验相比，前者实验结果的准确率要远远高于后者。但是，社会领域的实验调查仍然大多采取现场实验的方法。这是因为实验室实验的成本高，操作复杂，而且样本规模十分有限，所以难以广泛应用。

3. 按照实验的目的分类

按照实验的目的不同，实验法可分为研究性实验和应用性实验。研究性实验是以揭示实验对象的本质及其发展规律为主要目的的实验方法，主要用于对某一领域理论的检验与探讨，如对某种经济学、社会学、法学、教育学理论等进行证实或证伪的实验调查就属于这一类。应用性实验则是以解决实际工作当中存在的某些问题为主要目的的实验法，如对农村联产承包责任制、企业股份制的实验调查就属于这一类。

4. 按照实验者和实验对象对于实验激发是否知情分类

按照实验者和实验对象对于实验激发是否知情，实验法可分为单盲实验和双盲实验。单盲实验是指不让实验对象知道自己正在接受实验，由实验者实施实验激发和实验检测。目前，多数实验都是这类实验。双盲实验是指不让实验对象和实验者双方知道正在进行实验，而由第三者实施实验激发和实验检测。之所以有单盲实验和双盲实验，是为了避免两种情况：一是实验对象出于对实验激发的欢迎或反感而有意迎合或故意不配合实验者；二是实验者和实验对象出于对实验结果的某种心理预期而影响实验检测结果的真实性和准确性。

此外，按照调查的内容不同，实验法还可分为心理实验调查、教育实验调查、经济实验调查、法律实验调查、军事实验调查等。

（三）实验法的基本程序

1. 准备阶段

准备阶段的工作主要有以下几项：

（1）确定实验课题及实验目的。一般做法是在有了初步的构想后，通过查阅文献和有关访谈，对初步构想的价值和可行性进行一些探索性研究，最终明确实验的主题、大致的内容范围和所要达到的目标。

（2）提出理论假设。一般做法是仔细寻找出实验的主题和内容范围所涉及的各种变量,将它们分类,并认真分析它们之间的关系,建立各种变量之间的因果模型。

(3) 选取实验对象。选取的根据是实验的主题和变量间因果模型的需要;选取的方法既可以是随机抽样,也可以是主观指派;选择实验的方式和方法是根据实验的要求和可能,决定究竟采用哪种实验类型、如何分组、怎样控制实验过程、如何进行检测等。

(4) 制订实验方案。将已确定的实验主题、内容范围、理论假设、实验对象及实验方式和方法等整理成文字,说明实验的时间安排、地点和场所、实验进程、实验和测量工具等,并形成系统的、条理分明的实验方案。

2. 实施阶段

实施阶段的工作主要有以下几项。

(1) 前测。用一定的方法对实验对象的各种因变量做详细的测量,并做详细记录。如果是有对照组的实验,事先要做到能够控制实验环境和条件,以保证实验组与对照组的状态基本一致。引入或改变自变量,对实验组进行实验激发。在激发的过程中,要仔细观察,认真做好观察记录。

(2) 后测。在经过一段时间后,选择适当时机,对实验对象的各种因变量做再次的详细测量,并做详细记录。

3. 资料处理阶段

资料处理阶段的工作主要有以下几项。

(1) 整理分析资料。对全部观测资料进行统计分析,并对原假设进行检验,形成实验结果,据此提出理论解释和推断。

(2) 撰写实验报告。

(四) 基本的实验设计

1. 单一实验组设计

单一实验组设计也叫单组前后测实验设计,就是只选择一批实验对象作为实验组,而不设对照组,通过实验活动前后实验对象的变化来得出实验结论。它的操作模式:①选择实验对象组成实验组;②对实验对象进行前测;③引入自变量进行改变实验对象因变量的实验激发;④实验后对实验对象进行后测;⑤得出实验结论。

2. 经典实验设计

经典实验设计也叫两组前后测实验设计,首先,选择一批实验对象作为实验组,同时选择一批与实验对象处于相同环境、条件相同或相似的对象作为对照组;其次,只对实验组给予实验激发,而对对照组却听其自然;最后,对实验组和对照组前后检测的变化进行对比研究,得出实验结论。

3. 两组无前测实验设计

两组无前测实验设计就是对实验组和对照组都不进行前测,实验组引入自变量实施实验激发和进行后测，对照组则只进行后测。通过对实验组和对照组后测结果的对比研究，得出实验结论。

4. 多组实验设计

为了既能同时排除外部因素和前测干扰的影响，又能保证实验结论的客观性和准确性，人们还编制出了多组实验设计。一般是设置两个实验组和两个对照组，其中各有一组无前测，又各有一组无实验激发，通过对各组检测结果的交叉比较，得出实验结论。

5. 多因素实验设计

因为社会事物往往不是一因一果，而是多因多果、互为因果，所以将这种错综复杂的关系简化为单一的因果关系，就难以从系统上和整体上把握社会事物的特征。为此，人们又编制出了多因素实验设计。所谓多因素实验设计，是指检验多个自变量（或一个自变量的多种取值）与因变量的因果关系的设计。它一般设置一个对照组、三个或三个以上实验组。依照具体实施方法的不同，它又分为多种类型，主要有：①因子设计，是指检验两个以上的自变量对因变量的影响和自变量之间交互作用对因变量的影响的设计；②重复测量设计，是指检验多个自变量对不同实验对象进行激发后的差异的设计；③拉丁方格设计，是指检验多个自变量的引入顺序对因变量的影响的设计。

除了以上介绍的主要实验设计类型外，还可以根据实验者、实验对象、实验环境、实验激发的不同，做出其他多种设计。总的来说，实验设计中实验对象排列组合的数量越多，实验结论的系统性、完整性、客观性、准确性就越高。但是，实验设计越复杂，实验对象和实验环境的匹配就越困难，实验过程、实验检测、统计分析就越烦琐，实验的资金成本和时间成本就越高。因此，实验者不应凡实验必用多因素实验设计，而应根据实验目的和自身条件，选择最恰当的实验方式。在一般情况下，仍以采用简单实验设计为宜。

（五）实验法运用中需要注意的问题

实验法作为最高级、最复杂的社会调查方法，在实施过程中，有一些不同于其他调查方法的需要特别注意的问题，主要有实验者、实验对象和实验环境的选择；实验过程的控制；提高实验的信度和效度等。其中，需要着重理解和把握的是实验过程的控制这一问题。实验调查能否成功，在很大程度上取决于能否有效地控制实验过程。实验过程的控制主要就是对各类变量的控制，包括两个方面：一是对引入自变量的控制，二是对无关变量的控制。对引入自变量的控制主要是在实验激发的过程中，严格执行设计方案，有计划地、系统地安排实验激发的环境和程度，使它们有序地作用于因变量。这个问题不难理解，难的是对无关变量的控制。

无关变量也就是非实验因素，主要来自实验者、实验对象和实验环境三个方面。对无关变量的控制，就是要从这三个方面着手，努力排除或减少非实验因素对实验过程的干扰。

在实验者方面,首先是不能把无关变量引入到实验激发中来。其次是必须公平地对待实验对象,保持实验方法的稳定性和一致性。对不同的实验对象,实验激发的方式、强度、范围等要一致,检测的方法、工具、标准等要一致,统计分析的方法、依据、标准要一致。例如,在学校某年级进行教育改革效果的检测时,对不同班级的学生必须使用同一张试卷,否则检测就没有任何意义。

在实验对象方面,主要是解决前测干扰影响和故意不配合的问题。除了要加强与实验对象沟通,努力使他们做到对实验活动理解、支持和实事求是以外,还应尽量使他们在测量时觉察不到实验的真实意图。为此,可以在一些自然环境中采用一些不太敏感的方式进行测试。例如,教师把实验测试伪装成平时小测验,在课堂上似乎很随意地布置下去等。另外,还要注意到实验过程中实验对象本身自然变化对实验的影响,如工作变动、生病或死亡、社会经验的增加、知识水平的提高、技术的熟练等。

七、实习作业法

(一) 概念

实习作业法指的是学生在教师的组织和指导下,从事一定的实际工作,借以掌握一定的技能和有关的直接知识,验证间接知识,或综合运用知识于实践的教学方法。这种方法能体现理论联系实际的原则,便于教育与生产劳动相结合,有利于促进学生深入掌握知识和培养实际工作能力。实习法通常多在数学、物理、化学、自然常识、劳动等学科的教学中运用。

(二) 实习法的类型

按照实习场地,可以分为课内实习法和课外实习法;校内实习法和校外实习法;分散实习法和集中实习法。按照实习项目,可以分为单项实习法和综合实习法。

根据实习场所不同,实习法可分为课堂实习、校内外工厂实习、农场和实验园地实习等。

由于学科的性质、特点不同,实习的内容和方式也不同,如数学课有测量实习、理化课和劳动课有生产技术实习、生物课有作物栽培和动物饲养实习、地理课有地形测绘实习等。通常,实习是以理论知识为基础,并在理论的指导下进行的。

(三) 实习作业法的基本要求

运用实习法的一般要求:实习开始,教师提出明确的目的和要求,并根据实习的场所和工作情况做好组织工作;实习进行中,对学生进行具体的指导;实习结束时,对实习活动进行评定和小结,事后评阅实习作业报告。

1. 做好实习作业的准备

教师要制订计划,确定地点,准备仪器,编好实习作业小组,使学生了解实习目的,明确在实习中所要运用的理论知识以及实习中的操作事项等；做好实习作业过程中的动员，使学生明确实习作业的目的、任务、程序、组织领导、制度、纪律和注意事项；在实习中，要做好动作的示范，并纠正学生的错误动作等。

2．做好实习作业过程中的指导

要认真巡视，掌握全面情况，发现问题和经验，及时进行辅导与交流，以保证质量。

3．做好实习后的总结工作

由个人或小组写全面或专题的总结，以巩固收获，并给学生写好实习意见等。在与伙伴交流自己小组采访的成果的同时，教师也对这次综合性学习进行了总结，向学生指出这次活动中表现的好的地方，并且强调在此活动中的不足，为下一次进行课外实习打下基础。实习法这一教学方法已不再是教师当"导演"，教学生当"演员"的从属关系，而是学生是实习法的主体，着眼于学生的学，强调学生是学习的主人，尊重学生的个体差异和个性化学习方式，达到让学生学会学习的目的。因此，这大大提高了学生的学习兴趣，激发了他们的求知欲。

第二节　创新的数学教学方法

一、自主探索式教学法

自主探索式教学法重点在于学生亲自体验学习过程，其价值与其说是学生发现结论，不如说更看重学生的探索过程。自主探索式学习重视让每个学生根据自己的体验，通过观察、实验、猜想、验证、推理等方式自由地、开放地去探究、去发现、去再创造有关数学问题。在这个过程中，学生不仅获得了必要的数学知识和技能，还对数学知识的形成过程有所了解，特别是体验和学习数学的思考方法和数学的价值。

二、实践活动式教学法

实践活动式教学方法是通过实践活动，培养学生的创新精神和实践能力，发掘学生潜能，让学生学有用的数学知识。

无论是"优选"还是"创新"，一般都应注意以下四点：一是教学方法的选用或创新必须符合教学规律和原则；二是必须依据教学内容和特点，确保教学任务的完成；三是必须符合学生的年龄、心理变化特征和教师本身的教学风格；四是必须符合现有的教学条件和所规定的教学时间。另外，在指导思想上，教师应注意用辩证的观点来审视各种教学方法。

第三节　在课堂上数学教学方法如何应用

一、要使教学内容与学习活动过程融为一体

　　心理学上指出，学生在听课时，他的心理活动不是指向教室里的一切事物，而是把教师的讲述从许多事物中挑选出来，并且长时间地把心理活动保持在教师的讲述上。当学生集中听课时，他的心理活动不仅离开一切与听课无关的事物，而且对与听课无关的活动，甚至有妨碍的活动加以抑制。学生的注意力是有限的，当一种讲解所用的言语太啰唆时，必然会分散学生的注意力，从而使他们无法抓住重点，因此教师必须有吸引学生注意力的能力。"注意"本身并不是一种独立的心理过程，而是感觉、知觉、想象、思维等心理过程的一种共同特征。教师只有使自己的课堂教学与学生的学习活动过程融为一体，才可达到最好的教学效果。

二、要结合教学情境实现多项交流

　　适当的教学方法可以起到事半功倍的作用。教师在教学过程中，要做到以下几点。

　　1. 营造良好的学习环境，使学生主动参与数学活动

　　要使学生积极、主动地探索求知，必须在民主、平等、友好合作的师生关系基础上，创设愉悦和谐的学习气氛。教师应鼓励学生大胆地提出自己的见解，即使有时说得不准确、不完整，也要让他们把话说完，保护学生的积极性。和谐愉快的学习氛围为学生提供了充分展现自我的机会，而教师只要善于协调好师生之间的互动关系，就可让多数学生有机会发表自己的见解。

　　2. 要尽可能地开展合作学习

　　合作学习是学生学习的一种重要方式．它是在教师主导作用下，一起参与研讨、开展合作交流的一种学习方式。它能有效地改善学习环境，扩大参与面，提高参与度。在学习过程中，学生之间共同分工合作，并适当进行交流，以促进学生学习能力的提高。通过合作交流，便于学生之间用不同的方式探讨和思考问题，培养他们的参与意识、创造意识，并产生主动学习的意识。

　　3. 用多种教学方式，使学生把数学与生活联系在一起

　　人的思维过程始于视觉器官。课本上的主题图具有情感上的吸引力，容易让学生产生主动学习的意识，激发他们的求知欲与好奇心。因此，在小学数学教学中，教师要充分利用主题图，激发学生对新知识学习的热情，为学生学习新知识做好铺垫，让学生把数学与生活联系在一起。数学来源于生活，让学生感受到数学就在他们的周围。因此，从学生已

有的生活经验出发，创设生活情境，强化感性认识，从而达到学生对数学的理解。

三、在课堂教学中要充分准备，精心组织

数学教学的对象是少年，他们有着好动、丰富的想象力、感性认识能力强、排除外来干扰能力差等特定阶段特有的心理特征。因此，在课堂教学中，针对学生的特点，努力优化课堂教学，就显得非常重要。课堂是整个教学工作的中心环节，课堂教学组织得好坏直接影响着教学质量。

搞好课堂教学，首先要做好充分的课前准备工作，精心组织好一堂课的开端，有意识地营造好教学情境。预备铃一响，先用眼神暗示学生做好上课前的一切准备，上课铃一响要立即登上讲台，此时应环视全班学生，检查有无缺席，观察学生情绪如何；同时，还应以自己饱满的热情、严肃的态度，做好示范，暗示学生振作精神，尽快进入学习的最佳状态。其次，还要创造良好的教学情感氛围，要把自己对学生的期待及对认识教材的情感尽快融入学生的情感中，晓之以理，动之以情，使学生在认识和情感上与教师产生共鸣，形成和谐良好的教学情感氛围，以感染每一位学生，促使他们产生极大的学习热情，表现出与教师配合的积极性。另外，还要合理利用直观教具教学，培养兴趣。

课堂教学是师生的共同活动，而学生是学习的主人，是教学活动的主要参加者。所以，在教学中，教师仅从提高语言表达能力和语言直观上下功夫还是远远不够的。要解决数学知识的抽象性与形象性的矛盾，还应充分利用直观教学的各种手段。"直观"的东西具有看得见、摸得到的优点。"直观"有时能直接说明问题，有时能帮助理解问题，会给学生留下深刻的印象，使学生从学习中得到无穷乐趣。

四、把握特点，大胆尝试

数学课堂教学一定要把握学生的年龄特点、心理特征和数学科目自身的特点规律，尝试性地采取多种教学方法，采用一些适应数学教学的新教法，做到新旧交替、动静结合，真正发挥学生多种感官作用；通过听、说、看、动、做、学，做到寓教于乐，真正激发学生的学习兴趣，形成人人动脑、个个主动的良好教学局面。此外，在课堂上综合采用竞赛法、质疑法、操作法等多种教学方法，大胆改革以往那种只注重教师的教，不注重学生的学，只注重教师的高压灌输，而不注重学生接受能力的因循守旧的教学。学生都有争强好胜的特点，所以教师在教学中可以在小组之间、个人之间、男女生之间开展口算、速算、分析、思考等竞赛活动。在竞赛中，教师给的一次高分、一次表扬往往会挖掘学生极大的学习兴趣，从而活跃数学课的气氛，让学生真正体验到学习的乐趣。

五、明确认识，突出素质

课堂教学是全面实施素质教育的根本途径和主渠道，课堂教学的任务应该是以学生为

主体，教师为主导，传授知识为主线，素质教育为目标。因此，数学课堂教学必须从以教材教案为中心转为以学生全面主动的发展为中心。在数学课堂教学中突出素质教育和能力教育，一是要端正教学思想，只有端正了教学思想，才能真正从教学内容、教学目标、教学手段、教学对象四个要素上设计符合素质教育特征的教育方法；二是要切实把学生的能力培养和素质教育真正落实到课堂教学中。学生普遍存在喜欢活动、注意力不持久和思维能力薄弱的特点，因此教师要扬长避短，在教学中多注意把抽象的数学教学变成形象的图形和有形的物体，把抽象的计算和运算变成生动的游戏运算，从而把学生好动的热情引到学习上来，培养他们对数学课堂学习的兴趣。

总之，数学课堂教学有很多教法，关键是要根据学生的年龄特点和认识规律，认真研究，认真总结，积极探索；要因材施教，因班、因学生而异，找到最适合自己学生的教法，既要激发起学生对数学课的浓厚兴趣，又要科学正确地传授给学生知识和能力，大胆创新，这样才能提高课堂教学效率，促进学生全面发展。

第四节　对数学教学方法进行反思

教师要对自己的教学课堂从以下几个方面进行反思。

一、和谐课堂，快乐学习

课堂是学生学习知识的园地，是教师工作的根据地。我们应该重视课堂教学，把和谐带入课堂，使课堂充满活力。只有在宽松、平等、和谐、生动、充满活力的氛围中，才能诱发学生的创造兴趣、创造思维。教师的教学艺术不仅在于向学生传授知识，还在于激励、唤醒、鼓舞学生。教师应把愉快与热情传给学生，使学生受到潜移默化的影响，从而心情愉快、充满激情地投入到数学学习中去。

二、生活课堂，更有意义

生活离不开数学，数学来源于生活，数学与生活永远无法割舍。离开生活的数学是苍白无力的，数学只有在实践中才得以延伸。生活是数学的生命之源，教师应尽力创设情境、创造条件，将课堂与学生生活有机地结合起来，使学生如身临其境、如见其人、如闻其声、加强感知、激发思维。

三、灵活课堂，轻松学习

学生不是学习的机器，教师应合理科学地安排，改变超强度、大题量、机械训练的用时间加汗水提高成绩的陈旧做法；要提倡精讲精练，只讲思路、讲方法，引导学生自己去发现、去探索，把学生思考的时间还给学生，把思维过程还给学生，培养激励学生独立思考的习惯和能力。

四、幽默课堂，充满活力

一个有幽默感的人，定能受大家的喜爱，因为幽默驱赶烦恼，带来欢笑。同样，学生也喜欢有幽默感的教师。在教学中，恰到好处的课堂幽默完全可驱赶学习的疲劳，活跃课堂气氛，同时能开拓学生思维的敏捷和判断力，能进一步融洽师生关系。

总之，数学教学充满学问、充满魅力，数学课堂更是魅力无穷。教师只有做有心人，善学、善钻、善创新，数学课堂才会生机勃勃，才会更精彩。

第五节 对课堂数学教学方法进行指导

从时代发展和教育改革的潮流来看，21世纪是知识经济时代，知识发展和更新日益加速。欲成为新时代的有用人才，必须善于学习、实践和创造。现代教育观念强调以学生为主，要求受教育者不仅要学到什么，更重要的是要学会怎样学习。《新课程标准》中指出："教师应激发学生的学习积极性，向学生提供充分从事数学活动的机会，帮助他们在自主探索和合作交流的过程中，真正理解和掌握基本的数学知识与技能、数学思想和方法，获得广泛的数学活动经验。"

近几年，对旨在教会学生学习、提高学生自学能力的学法指导的研究和实践已是基础教育改革的一个热门课题，让学生学会学习已经成为广大教育工作者的共识。成绩优秀的学生之所以成绩优秀，重要原因之一是他们学习方法比较科学；学习困难的学生之所以学习困难，往往是由于学习方法不当。要使全体学生都得到快速发展，教师必须加强学法指导。

一、更新观念，改变教法

课堂教学是教学的基本形式，而教学的本质是教与学的对立统一关系。著名的教育家陶行知先生说："教的法子要根据学的法子[①]。"所以，要探讨如何进行有效的学习方法指导，首先必须从教师的"教"开始。

1. 备课：变"备教材"为"备学生"

教师在备课过程中，备教材的方法很多，备学生的学习方法却很少。教师注意到自身要有良好的语言表达能力（如语言应简明扼要、准确、生动等），注意到实验操作应规范、

[①] 陶行知. 教育的真谛 [M]. 武汉：长江文艺出版社，2013.

熟练，注意到文字的表达（如板书编写有序、图示清晰和工整等）要准确、清晰，也注意对学生进行组织管理，但对学生本身的考虑还不够。教师的备课要探讨学生如何学，要根据不同的内容确定不同的学习目标，要根据不同年级的学生指导如何进行预习、听课、记笔记、复习、做作业等，要考虑到观察能力、想象能力、思维能力、推理能力及总结归纳能力的培养。一位教师教学水平的高低，不仅仅表现在他对知识的传授，更主要表现在他对学生学习能力的培养。

2. 上课：变"走教案"为"生成性"

课堂教学过程是一个极具变化发展的动态生成的过程，其间必然有许多非预期的因素，即便教师对学情考虑再充分，也有无法预知的场景发生。尤其当师生的主动性、积极性都充分发挥时，实际的教育过程远远要比预定的、计划中的过程生动、活泼、丰富得多。教师要利用好即时生成性因素，展示自己灵活的教学机制，不能牵着学生的鼻子"走教案"。要促成课堂教学的动态生成，教师就要创造民主、和谐的课堂教学氛围。如果课堂还是师道尊严，学生提出的问题，教师不回答、不予理睬，或马上表现出不高兴、不耐烦的情绪，那学生的学习积极性一定大打折扣。因而，要让课堂充满生气，师生关系一定要开放，教师要在教学中真正建立人格平等、真诚合作的民主关系。同时，教师要高度重视学生的一言一行，在教与学的平台上，做到教学相长，因学而教，树立随时捕捉教学机会的意识。这样就必定会使我们的课堂教学更加活泼有趣，更加充满生机，也更能展示教师的无穷魅力。

课堂提问注意开放性。开放性的提问没有统一的思维模式与现成答案，学生回答完全是根据自己的理解回答。答案一定会是丰富多彩的，这可以作为我们教师的教学资源。教师根据这些答案给予肯定，或给予引导，使学生的思想认识在教师的肯定或引导中得到提高。要促进课堂教学的动态生成，还要充分发挥教师的教学智慧。教师对教育过程的高超把握就是对这种动态生成的把握。

二、活跃思维，改变学法

科学的学习方法能提高学习效率，能使学生的智慧得到充分发挥，能把知识转化为能力；而拙劣的学习方法（如死记硬背）学习效率低，学生的智慧得不到发挥。所以，如果教师教会学生学习的方法，那教学也就取得了事半功倍的效果。

1. 要有好的学习习惯，避免机械性学习，实现有意义的学习

有的学生在学习中重视对知识的机械性、生硬性记忆，其结果是一方面导致对知识掌握程度和效率的低下，另一方面将严重影响运用所学知识解决实际问题能力的发挥。现代教学论强调要实现有意义学习，强调理解对知识保持和应用的作用，即学习的目不是为了记忆，而是为了应用；不是为了掌握单个知识点，而是为了实现对知识点间的贯通性理

解。这些均需要教师变传统的"接受"式学习方式为"内化"式的学习，由被动学习转变为主动学习，充分调动学生学习的积极性和创造性，这是实现有意义学习的关键。

2．在教学中教师要鼓励、引导学生

在感性材料的基础上，理解数学概念或通过数量关系，进行简单的判断、推理，从而掌握最基础的知识。思维过程用语言表达出来，有利于及时纠正学生思维过程的缺陷，对全班学生有指导意义。数学教师要鼓励、指导学生发表见解，并有顺序地讲述自己的思维过程，让尽量多的学生能有讲的机会。教师不仅要了解学生说的结果，也要重视学生说的质量，这样坚持下去，有利于培养学生的逻辑思维能力。根据学生的年龄特点，上好数学课应该尽量地充分调动学生的各种感官，提高学生的学习兴趣，而不能把学生埋在越来越多的练习纸中。教师不能把数学课变成枯燥无味、让学生学而生厌的课程。在数学课上，教师要引导学生既动手又动口，并辅以其他教学手段，这样有利于活跃课堂气氛，提高课堂教学效果，同时也有利于提高教学质量。

3．克服思维定势的影响，培养求异精神和发散思维能力

"定势"的作用有积极和消极两种表现，教师应该利用"定势"的积极性作用，克服"定势"的消极性影响。在知识迁移能力的形成过程中，既要培养解决类似问题的"定势"，形成知识迁移的一般性规律和方法，又要形成在遇到用习惯方法难以解决的有关问题时，能够从其他角度去分析、解决问题的能力，要形成求异思维和发散思维的意识与能力，这是培养知识迁移能力的重要要求。知识的迁移要求对知识呈现的情境和知识转换要灵活处理，而不是生搬硬套。如果变换的问题样式和情境无法被吸纳，认知结构或已建构的认知结构无法同化这个问题，便要求我们对这个问题进行再处理，再变换或尝试与另一认知结构对接，形成从不同角度分析、迁移知识解决问题的意识和能力。

4．学会用正确的方法听课

事实上，并不是所有的学生都能用正确的方法听课，这就导致部分学生学习效率不高。首先，做好课前准备，包括心理上的准备、知识上的准备、物质上的准备、身体上的准备等。其次，要专心听讲，尽快进入学习状态，参与课堂内的全部学习活动，不要只背结论。数学概念的形成一般来自于解决实际问题或数学自身发展的需要，教材上的定义常隐去概念形成的思维过程，因此教师要积极引导学生参与数学概念的建立过程。这不仅可使学生理解概念的来龙去脉，加深对概念的理解，而且有利于培养学生的参与意识。

三、指导学生养成先看书后做作业的良好习惯

现在学生的通病是仅仅把教材当作一个习题簿子，只在做作业时用到它，而后就放置一边，这是一个很不好的习惯。因此，教师一定要指导学生在做作业之前，认真地阅读例题，结合教师课堂讲授，把知识梳理一遍，之后再去做作业，这样就会少走弯路，既保证

了作业质量，又做到了充分的巩固、复习。

四、课外学习

课外学习能有效地使课内所学知识与社会生产实践、生活实际密切地联系起来，帮助学生加深对课内所学知识的理解，扩大文化科学知识的眼界，拓宽思路，激发求知欲望和学习兴趣，培养自学能力与习惯，增长工作才干，这就是人们常说的"课内打基础，课外出人才"。但课外阅读要有教师的正确指导，才能避免滥读，费力不讨好。另外，还要教会学生一些数学方法，如比较法、线段图法、分析法、归类法等。指导的形式可以灵活多样，除了上课潜移默化的教导外，还有如讲授式、交流式、辅导式等形式。总之，对学生数学学习方法的指导，要力求做到转变思想与传授方法结合、课上与课下结合、学法与教法结合、教师指导与学生探求结合、统一指导与个别指导结合，建立纵横交错的学法指导网络，促进学生掌握正确的学习方法。

第九章　初中数学合作学习方法与设计

第一节　合作学习概述

一、合作学习意义

合作学习是学生在进行自主学习中非常有效的一种学习方法。积极开展合作学习，对于教师与学生都具有十分重要的意义。对于教师来说，合作学习有利于提高教学效率，使学生获得整体性的进步；对于学生来说，合作学习能够培养学生的团结协作精神，提升学习兴趣，有利于加强学习的动机。因此，在初中数学教学中引入合作学习机制，对于教学有效性的提升，将发挥积极的促进作用。

合作学习是学习任务的再设计。通过将学习的任务目标进行分解，使学生在合作学习中实现分工与协作，有效完成计划的任务目标，从而达成合作学习的总体目的。合作学习不只是坐得近，而且要互相讨论、帮助与分享。同时，合作学习也不仅仅是将学生进行分组，而是要探索学生合作分工的机制与方法，搭建互助学习的环境氛围。

合作学习是一种有系统、有结构的教学方法。教师在组织学生进行合作学习之前，应该在分组机制上做文章。教师要对每位学生的状态有最基本的掌握，在分组时，按照学生个人能力、性格、家庭背景的差异，合理进行学习小组划分，使学生之间能够实现能力、个性方面的互补，在学习中产生互相促进的效果。同时教师要合理分配学习任务，为学习小组中的每位成员分配好学习任务，使他们都有自己承担的任务，并通过合作与共享机制，来完成整体的小组任务。

二、合作学习在初中数学课堂教学中的作用

（一）提高课堂教学的平衡性

在部分初中生的观念中，数学课程往往是困难且枯燥的，因此部分初中生很难对数学产生学习兴趣，进而缺乏学习数学的动力。而在数学教学中开展合作学习，可以有效解决这一问题，让学生对数学学习产生更多积极性。在进行学习分组后，教师可以依据小组的学习任务和内容，设计一些活跃的分组学习活动。学生在这些活动中，可以充分发挥自主能力，积极探索数学谜题。同时学生在与同学的合作中，增进学生之间的互动，逐步培养

对数学知识的兴趣。合作学习的开展，还可以平衡教师和学生之间在教学活动中的关系，使学生成为合作学习中的主体，在独立思考、互相竞争中进一步增强学习能力。

（二）建立平等的师生关系

在传统教学模式下，师生之间是一种不平等关系。教师是教学中的绝对主体与权威，而学生则处于从属地位，完全听从教师的管理和安排。这种师生关系明显已跟不上时代发展的需求，容易导致师生之间的矛盾冲突，使学生产生逆反心理，最终影响教学质量和学生的成长。教学制度的改革，就是要给学生创造健康成长的环境，培养学生的独立自主能力，同时建立新型的师生平等关系。在合作学习的教学方法下，师生之间更加平等，并建立紧密的互动关系，学生成为主动学习的一方，而教师作为学生的朋友和帮助者，在学生进行自主学习中提供必要的帮助。

（三）激发学生创造性及实践技能

在初中数学教学中开展合作学习，不仅可以激发学生的创造性，还更有助于学生实践能力的培养。学生之间在进行合作的同时，也会增强小组与小组之间和学生个体之间的竞争意识，让学生产生荣誉感与好胜心理。在这一过程中，学生会进行创新思考，发表个人的独特见解，使自己的创造能力进一步增强。同时在小组的学习活动中，学生们会把所学内容与生活实践紧密结合起来，使其对知识的运用能力得到更好的锻炼。

三、合作学习促进初中数学课堂教学的方法

（一）筛选合作学习的内容

合作学习有助于学生自主能力的提升，但教师在实践中应当注意针对数学教学中的内容特点，有选择性地引入合作学习方式，不能将所有内容都以合作学习的形式来开展。因此，内容的筛选是合作学习的前提条件。在内容筛选方面，教师应注意以下原则：一是要考虑学习内容的难度，而难度的选择应符合学生能力的需求。过于简单的问题不值得进行合作学习，反倒容易浪费教学资源；而难度过高的问题不适合学生进行分组合作，反而会给学生带来更多理解上的困难，影响了教学的效率。二是内容的选择要符合教材的要求。教师应根据所学内容设置出一些需要解决的问题，让学生在合作的同时，加深对知识点的理解。三是选择的内容要具有开放性和讨论性，给学生留足思考的空间。这样在进行合作学习的过程中，学生可以发挥自己的想象力和发散思维能力，产生不同的观点。在讨论与交流中加强学生对于数学知识的深度理解。

（二）选择合作学习的时机

初中数学课堂教学中，教师需要找准时机鼓励学生合作学习，从而提高其合作学习的效果。合作学习时机的掌握，要以学生的状态来进行选择。在正确的时机下，合作学习才能达到最理想的效果。学生在态度积极、思维活跃时，或在学生遇到理解困难时都可以进

行合作学习。在学生对于某个教学内容产生高度积极性的情况下，学生的思维通常十分活跃，需要教师创造更多条件使其参与到学习过程中。这时，教师应设计好合作学习课题，让每位学生都能参与其中，发表自己的观点，使活跃的态度和思维得到有效地发挥。同时，当学生对于新的知识点产生理解困难时，教师也应该及时采取合作学习方式。使学生带着问题进行合作与交流，通过实践，互相讨论，逐步解决学习中的难点问题，加强对知识点的理解。除此之外，在学生针对某个问题产生意见分歧时，也可以通过合作学习的方式进行解决。在小组之间，同学之间的辩论与交流下，学生可以纠正错误观念，逐渐找出正确答案，并在客观上锻炼了表达能力与交际能力。

（三）完善评价体系

合作学习的成果评判，需要拥有一套评价体系来进行检验。在学习评价中，教师、学生之间也应当建立起合作关系，形成互评、自评结合的评价模式。教师在进行评价时，不应该只注重结果而更多地批评学生，还要关注学生进步的地方和学生在合作中的态度。除了教师以外，学习小组之间也要形成互评习惯，根据合作的情况，同学之间可以互相指出老师注意不到的细节问题，可以让同学之间互相借鉴与思考。同时，在教师的带领下，学生要对自己的表现进行自评，在这个环节中，能够更加清晰地认识自己的长处和缺点，将这些经验积累、总结起来，从而在今后的学习中取得更大进步。

第二节 合作学习的相关设计

一、小组合作学习的目标设计

（一）教学目标要明确具体、最好是当堂就能够测量

教师在进行合作学习的实践中，要给学生分配明确的学习目标，同时要能够当堂检测学习目标的完成情况。这样，学生在进行合作学习时才能不偏离学习的中心，不会因过度发散而影响教学效果。确立了目标之后，教师要在合作学习中起到帮助者的作用，要随时跟进各个小组的学习情况，使学生们能够依照目标来进行讨论和实践。同时教师还要注重加强对学生在方法与技巧上的指导，不断提升学生的自主学习能力。

（二）教学目标一定要从实际出发，表述要准确，语言表述要简洁

教学目标要能够分得清主次，帮助学习小组分清重点内容和次要内容，在合作学习中做到有的放矢。课堂学习始终要围绕着教学目标进行，不可随意。对于合作学习目标的确定，教师应发挥关键的指导作用，为合作学习确立总体的任务目标。目标要从实际出发，围绕数学教学中的重点内容进行展开。学生在进行合作学习时，在教师的指导和带领下，发挥独立思考，勇于表达的能力，培养团结合作、互助共享的精神，进而加深对数学知识

的理解，最终提高数学应用的能力。教师利用合作学习的机会，着重培养学生的表达与沟通能力，使学生在合作和交流中，能够有理有据地表达出自己的想法，能够在交流中理解他人的观点和想法，逐步建立质疑、反思和判断的能力。

在新的课程改革标准的指导下，课堂教学的主体发生了根本性的改变。课堂教学从过去以教师为权威进行授课的方式，变为以学生为主体，培养学生自主学习能力，满足学生发展需求的授课方式。学生在课堂中不再是被动接受知识的一方，而成为学习的主人，主动参与课堂教学。随着新的教育理念的深入发展，在我们的实际教学中，课堂教学模式也多种多样，有讲授式、讨论式、有发现式、启发式、探究式、还有现在所倡导的小组合作探究式、学生活动式等。每一次备课时我们都会根据上课内容认真思考本节课该采取什么方式去给学生上课，课后也经常会反思本节课上完之后效果怎样，学生收获了什么，学会了什么，哪些方面是需要改进的。其目的都是期望在课堂上将新课程标准中的"知识与技能，方法与过程，情感态度与价值观"三维目标最大化、最优化，它们不是相互独立的，而是密切联系的一个有机整体。

二、小组合作学习教学情境的创设

（一）情境创设要有明确的目的性

情境的创设在合作学习中能够起到十分积极的作用，同时也将为课堂教学打下良好的基础。教师在创设情境时要有着明确的目的性，不能偏离教学的总体目标。教师要根据本节课程的内容合理规划和设计情境，让学生明确知道所学的内容是什么，了解合作学习的目的是什么。在明确的目标指导下，学生之间的合作学习才能更有效果，对学习内容才能产生更多的理解和感悟。

（二）情境创设要有趣味性

对新课的导入要注意激发学生学习新内容的兴趣和心理需要，学生对数学的热爱往往是从兴趣开始的。枯燥乏味的情境不利于合作学习的开展，反而会引发学生的厌倦心理，最后达不到理想的效果。情境的设置要突出趣味性，使学生能够产生学习的兴趣。在兴趣的基础上进行合作学习，同学才能获得更长远的学习动力，并充满热情地参与到对问题的探索之中。

（三）情境创设要有启发性

情境的创设应该依据学生的状态和知识水平来进行，并且通过情境，能够充分开发学生的个性优势和知识应用能力。因此，启发性的情境设计在合作学习中的作用十分重要。教师要在启发性的情境下，进一步激发学生自主思考、主动探索的能力，让学生根据自己所学内容及生活经验，最大可能地发挥创造性思维。从而在学习过程中深刻体会知识的内涵，并能够主动探索更多的知识领域，将主动学习的效果提升到新的高度。

（四）情境创设的难度要适当，具有一定挑战性

在创设情境的过程中，教师应该注意到学生之间的能力差异，在难度上要与大部分学生的学习能力相匹配。在合作学习中，要能使全体学生都能够有效参与，做到教学的公平公正。探究新知毕竟是在学生还没有真正开始学习新知识的情况下进行的，不但要考虑到学生现有的认知水平，不宜过难，使学生失去探究的欲望，又要考虑到学生对新知识的好奇心理，利用学生已有的发展水平与教学要求之间的矛盾来促进学生的发展，难度设计要像摘树上挂着的桃子一样，使学生"跳一跳，摘得到"，这样，学生既不会对要学的新知有厌烦、恐惧的负面心理，又能让学生在获得自主探究的成果时有一种成就感，这样不仅能够帮助学生树立自信心，还能使他们保持对学习的兴趣和积极性。

（五）情境创设应有开放性

情境的创设除了要紧贴教学内容以外，还应尽可能彰显开放性特点。这样才能让学生在合作学习中拥有更多的发挥空间，从而强化发散性思维的培养。因此，教师应该深入研究教学内容和知识点，从中挖掘出有开放性价值的内容和话题。在情境的布置中，给学生指引发散思考的方向，让学生从多个角度、多个方面来理解知识，解答问题。

总之，在合理的情境下，学生将对学习产生更广泛的兴趣，拥有了更多证明自我价值，展示自主学习能力的机会。教师通过情境的设计给学生指明思维和探索的方向，使其在学习中拥有明确的目标，拥有主动探索的勇气。同时，在情境的环境营造下，学生的沟通、交流与团结协作能力也会得到进一步锻炼，从而帮助学生实现多种素质的整体发展。

三、小组合作学习问题设计策略

在小组合作学习中，小组合作学习的效果与问题设计得是否科学有效直接相关。为了能调动学生的学习积极性和主动探究的兴趣，发挥小组合作学习的作用，在设计问题时可考虑以下几个方面。

（1）加强对数学知识内容结构的研究，将枯燥的知识引入到现实生活中的各类现象中去。从中找出充满趣味性、实验性的现象，设计出让学生感兴趣的问题，交给学生进行实际探索。例如，教师在准备概率这一课程时，就可以通过合作学习的方式，提出有关概率的问题让学生进行分组实验。在这个过程中，教师可以引入翻纸牌或掷骰子等生活中的道具，让同学们亲身操作和体验，感受概率在生活事件中的作用。最后，在教师的帮助下，学生通过这些实践逐步理解概率的定义和相关公式，从而加深对知识的理解。

（2）深入了解学生在学习中的状况，发现学生理解上有困难，或是意见有分歧的部分。通过合理的设计，教师向学生提供合作学习的任务。在教师的带领下，学生开始合作学习的探究，最终要完成这些学习任务，加深对数学知识的理解。在整个过程中，教师可以先从简单问题入手，启发学生进行思考，最后再引入关键的疑难问题，找出解决办法。

（3）激起学生的认知冲突进行提问，将要设计的问题与学生已有知识经验相联系。学生通过对熟悉的已学知识的回顾，自然而然地过渡到对新知识的理解中，使新旧知识形成完整的体系结构。例如，学习"用函数观点看一元二次方程"时提问："二次函数的图像与轴相交的情况与一元二次方程的根的情况和判别式有联系吗？根的判别式如何来判断抛物线与轴有无交点情况？"经过这些对比性的问题，学生可以熟练运用自己形成的旧知识体系，使新与旧之间产生关联。

（4）根据学生之间客观存在的能力差异，教师需要有针对性地设计不同难度的问题。从而在合作学习中，让更多学生都能够参与进来，不让任何一个学生掉队，确保每个学生在合作中都做出自己的贡献，收获自己的心得。

四、数学课堂练习题的设计原则

数学练习题对于学生巩固已学知识，能够起到不可替代的作用。课堂练习题的安排应密切围绕教学目标来进行，做到精而准，达到最佳效果。因此，教师练习题的设计中，要做到有的放矢。

（一）练习要有目的性

练习题的安排不能随意而行，最重要的是密切围绕教学目标来进行安排。使学生在做好练习题的过程中，进一步形成对所学知识的复习与回顾，并对知识当中的重点、难点问题进行强化记忆和训练。在练习过程中学生能够进一步提高自主学习的能力，掌握知识应用的技巧。

（二）练习要有针对性

教师在设计课堂练习题时，要切实依据学生的需求来进行，使课堂练习能够真正对学生的学习起到帮助。教师有必要掌握全班学生的学习能力与知识掌握水平，根据学生切实需要强化掌握的知识点，按照不同难度，有层次地做出练习安排，使不同的学生在练习过程中，都能够有所收获，弥补自己学习上的不足。

（三）练习要有适宜性

课堂练习的题量应根据学生能力的不同而有所调整，学生的练习应适宜且适度，确保学生对数学内容能够充分掌握，熟练运用。对于一些相对难以理解的知识点，教师可以通过练习题的反复训练，加强学生的记忆和应用。在基本练习的水平上，教师可以有目的地增加练习难度，给学生创造挑战自我的余地。

（四）练习要体现差异性

因材施教的原则，应贯穿于教学工作的每一个环节，练习也不例外。我们可根据学生学习水平把学生分成两层或三层，分层次布置作业，做到练习有梯度，有区分度，让不同层次的学生都能体会到收获的乐趣。

（五）练习要有灵活性

课堂练习的安排，除了坚持教学目标外，还应体现一定的灵活性，可以在难度、范围上进行一定程度上的拔高，为学生创造进一步提升的空间。

1. 灵活驾驭教材、扩大学生知识面

学生的自主学习不能拘泥于教材，要在现有知识的基础上，给学生创造扩展的空间。通过灵活性的练习题，进一步激发学生的学习潜力，对于学生能力的提升有着重要意义。在备课时，我们要从学生学习的实际情况出发，了解其知识基础及认知水平、学习能力，认真分析教学中的重点、难点，紧紧围绕教学重、难点来参考各种教辅材料，尽量在讲授新课时把相关的知识渗透到其中。

2. 应精心设计开放性习题，拓展延伸思维

开放性的练习题对于学生发散思维的训练和创造力的提升有着较好的帮助作用。这些习题通常具有多种答案，多种解题思路与方法，非常适宜思维活跃的初中生来探索和练习。在以学生为中心的教学模式下，教师应进一步加强开放性练习的设置和安排，让学生充分发挥自己的自主性、想象力和探索能力，将自己的个性与潜力充分展现出来。

第三节 加强初中数学合作学习的对策

一、教学活动要着重突出学生的主体性

教师要在合作学习的开展中，时刻注意发挥学生的主体价值，培养学生自主学习的习惯和能力。突出学生的主体作用，还需要教师能够随时掌握学生的状态，从学生的需求出发设计合作学习的内容与方向。教师也应充分发挥引导者的作用，在学生自主学习的过程中，及时给予帮助和关心，让学生能够及时调整心态、释放压力，不断提升自己的学习能力。突出学生的主体作用，还需要教师及时以学生视角看待问题，创新教学方法，培养学生对知识的兴趣，不断提升他们的学习动力和积极性。

二、通过多种方式激发学生合作学习的兴趣

数学是具有严密逻辑性和高度抽象性的一门学科，在实际的社会生产生活中也具有广泛的应用价值。教师在进行初中数学教学时，要使学生认识到数学的应用价值，挖掘数学的趣味，最终产生对数学知识的浓厚兴趣。教师在进行合作学习的设计时，可以通过情境设置、多媒体演示、实际操作等多种方式，增强数学课堂的乐趣与灵活性，使学生在游戏活动和轻松的氛围中理解数学知识，让学生能够积极踊跃地参与到对数学问题的探索中，发现数学的乐趣，理解数学知识与现实生活的联系。

三、加强合作学习中的实际操作，不断提高学生在合作学习中的探究能力

合作学习要与实际引用进行充分结合，才能发挥更有效的作用。教师要在合作学习的安排中，把初中生感兴趣的现象与实例引入到学习内容当中，在这些实例中挖掘数学知识。学生可以在合作学习的过程中，不断强化动手能力和对数学知识的实际应用，从而将抽象的数学知识与鲜活的生活事例实现有效关联，帮助学生更有效地掌握数学。

四、对学生进行科学分组，选择合作学习时机

对于合作学习的开展，教师优先解决的问题是科学的分组。只有做好分组工作，才能为学生的合作学习奠定良好的基础，提高合作学习的效率与质量。因此，合作分组应坚持组内异质、组间同质的理念，组与组之间不能产生太大的差异，而组内学生之间也要体现个人特质的差异。教师要按照学生之间的能力、性别、个性特征等进行合理分组，使各个小组内部成员都能在各方面实现有效互补，产生相互促进的作用，这样才能体现合作学习的意义。同时，初中数学教师应选择适当的合作学习时机和内容。在时机合适的条件下，适时引入合作学习的方法，帮助学生强化学习能力。在内容上，合作学习内容要与教学内容实现统一。在方式上，合作学习的方法不能与其他教学手段产生冲突。合作学习应发挥补充、引导和扩展的作用，与其他方法密切配合，共同促进初中数学教学质量的提高。

五、发挥教师引导作用，明确合作学习分工

初中学习阶段是学生渴望独立、证明自身价值的重要阶段，在这一阶段开展合作学习，对于初中生的成长十分关键。合作学习的意义，不仅体现在对学生自主思考、自主研究问题能力的培养，也在于学生之间团结合作、互帮互助精神的培养。在这一过程中，教师不仅要挖掘学生的自主学习能力，也要发挥引导帮助作用，带领他们解决思想、认知、方法上的难题。同时，在合作学习模式下，教师需关注学生的合作学习过程和方法，明确小组成员分工，让他们有条理地合作学习，以小组为单位，促进整体教学效果的提升。

在合作学习中，教师要及时进行总结和评价，同时发现和整理各个小组面临的问题。教师要以学生为中心，发挥引导者的作用，在师生与小组的共同努力下，解决学习中的难题，吸取合作学习中的经验，让初中数学的教学水平提升到一个新的台阶。

第十章　基于数学高效课堂的初中数学教学策略

第一节　数学建模与数学教学探究

一、数学建模的教育价值与教学途径

（一）数学建模概念、一般步骤及其教育价值

1. 数学模型

数学模型是指用数学语言描述的实际事物或现象，它一般是实际事物的一种数学简化。它常常是以某种意义上接近事物的抽象形式存在的，但它和真实的事物有着本质的区别。要描述一个实际现象可以有很多种方式，为了描述的科学性，人们采用一种普遍认为比较严格的语言来描述各种现象，这种语言就是数学，使用数学语言描述的事物就称为数学模型。有时候我们需要做一些实验，但这些实验往往用抽象出来了的数学模型作为实际物体的代替而进行相应的实验，实验本身也是实际操作的一种理论替代。

2. 数学建模

数学建模是建立数学模型过程的缩略表示。数学建模是运用数学思想、方法和知识解决实际问题的过程，已经成为不同层次数学教育重要和基本的内容。数学建模就是用数学语言描述实际现象的过程。这里的实际现象既包含具体的自然现象比如自由落体现象，也包含抽象的现象比如顾客对某种商品所取的价值倾向。这里的描述不但包括外在形态、内在机制的描述，也包括预测、试验和解释实际现象等内容。

在科学领域中，数学因为其准确性而成为研究者最广泛用于交流的语言——因为他们普遍相信，自然是严格地演化着的，尽管控制演化的规律可以是很复杂的甚至是混沌的。因此，人们常对实际事物建立种种数学模型以期通过对该模型的考察来描述、解释、预计或分析出与实际事物相关的规律。

由以上讨论可以看出，数学建模是一个"迭代"过程，每次"迭代"包括实际问题的抽象、简化、作假设以形成数学框架；解析地或数值地求出模型的解；对求解所得结果解释、分析和验证；如果符合实际可交付使用，如果与实际情况不符，需对假设做修改，进入下一个"迭代"……最终求得令人满意的结果。

3. 数学建模的教育价值

初中数学教学是一种"目标教学"。一方面，教师一直想教给学生有用的数学，但学

生高中毕业后如不攻读数学专业，就觉得数学除了高考拿分外别无它用；另一方面，"类型＋方法"的教学方式的确是提高了学生的应试"能力"，但是学生一旦碰到陌生的题型或者联系实际的问题却又不会用数学的方法去解决它。大部分同学在学了12年的数学之后，却没有形成数学思维，更不用说用创造性的思维自己去发现问题、解决问题。由此看来，初中数学教与学的矛盾显得特别尖锐。

加强初中数学建模教学正是在这种教学现状下提出来的。无论从教育、科学的观点来看，还是从社会和文化的观点来看，数学应用、数学模型和数学建模都已被广泛地认为是决定性的、重要的。我国普通初中数学教学大纲中也明确提出要切实培养学生解决实际问题的能力，要求增强用数学的意识，能初步运用数学模型解决实际问题，逐步学会把实际问题归结为数学模型，然后运用数学方法进行探索、猜测、判断、证明、运算、检验使问题得到解决。

数学建模是运用数学思想、方法和知识解决实际问题的过程，已经成为不同层次数学教育重要和基本的内容。数学建模是数学学习的一种新的方式，它为学生提供了自主学习的空间，有助于学生体验数学在解决实际问题中的价值和作用，体验数学与日常生活中其他学科的联系，体验综合运用知识和方法解决实际问题的过程，增强应用意识；有助于激发学生学习数学的兴趣，发展学生的创新精神和实践能力。

(二) 数学建模的教学途径

1. 打好基础，强化意识

对于一个繁杂的实际问题，要能从中发现其本质，建立其数量关系，转化成数学问题，没有扎实的数学基础知识、基本技能和数学思想方法是不可能的。因此，进行数学建模，首先必须抓好数学知识的系统学习，打好基础。但是，解决常规问题的能力强，不见得解决实际问题的能力就强，从掌握知识到应用知识的过程不是自然形成的。应该看到，能力是在知识的教学和技能的训练中，通过有意识的培养而得到发展的。因此，教学中要注意从实际问题引入概念和规律，强化建模意识，用数学模型的方法解决实际问题。

2. 挖掘教材，适当补充

从广义讲，一切数学概念、公式、方程式和算法系统等都是数学模型，可以说，数学建模的思想渗透在中小学教材中。因此，只要教师深入钻研教材，挖掘教材所蕴含的应用数学的材料，并从中总结提炼，就能找到数学建模教学的素材。例如：平均增长率问题，包括产量、繁殖、资金、利率等，可以建立幂函数、指数函数、对数函数或方程模型；最大最小问题，包括面积最大、用料最省、费用最低、效益最好等，可以建立函数或不等式模型；行程、工程、浓度问题，可以建立方程、不等式模型；拱桥、炮弹模型、卫星轨道问题，可以建立二次曲线模型；测量问题，可以建立解三角形模型；计数问题，可以建立排列组合模型。

结合教材内容,还可以提出或构建一些比较浅显的建模问题。拓展、补充的数学建模问题,既要密切联系教学内容,又要源于现实,并且是学生感兴趣的,用所学知识能够解决的问题。

3. 内外结合、零存整取

强调数学应用现已成为当今各国课程内容改革的共同特点。近年来,我国对数学应用给予了高度重视,初中数学教学中也开始进行建模数学的探索。在初中数学的课堂上,应结合教学内容有计划地强化建模教学,还数学知识源于现实的本来面貌。如开设讲座、采集数学建模问题、研究建模方案等,既发挥了教师的主导作用,体现了以学生为主体的原则,又培养了学生的探索精神和数学能力。

二、数学探究性学习的教学过程

(一) 探究性学习的基本内涵

探究性学习与研究性学习都是由英文"Inquiry Learning"翻译而来的,是一个外来词汇。在英文中,Inquiry 的主要意思是:①询问、打听;②调查、探究。

从探究性学习开设的目的来看,无论是学科教学中的探究性学习,还是探究性学习课程,都是为了改变学生以单纯的接受教师传授知识为主的学习方式,为学生构建一种开放的环境,提供多种渠道获取知识,并将学到的知识综合运用于实践的机会。最终目的是培养学生的创新精神和实践能力,发展学生的个性。

(二) 数学探究教学的基本模式

数学教学中的探究过程既是依据一定的教学目的、任务,系统学习前人积累的数学基础知识、基本技能的过程,更是增长能力,特别是创新精神和实践能力、形成科学观念和态度,个性和谐发展的实践过程,是认识与实践、继承与创新的统一过程。实现这样的课程目标,建构主义要求学生成为有意义的主动建构者,并在三个方面发挥主体作用:一是要用科学探索的方法自主参与建构知识的意义;二是要在建构意义过程中主动收集、分析有关的信息和情报,对所学习的问题提出各种假设并努力加以验证;三是把当前学习内容所反映的事物尽量与自己已经知道的事物相联系,并对这种联系加以认真地思考,"联系"与"思考"是意义建构的关键。如果能把联系与思考的过程与合作学习中的交流、讨论、表征结合起来,那么学生的意义建构的效率会更高、质量会更好。因此,数学课堂教学中突出探究教学,可使学生在数学基础知识、基本技能的学习过程中,积极主动参与活动,有效地培养学生勇于质疑和善于反思的习惯。

数学科学探索包含两个层面:一是数学科学探究的基本精神,如"人类的意志""积极的意愿""精美而完善的愿望"等;二是数学探究的基本程序,其中包括数学思维的一些方法,如"逻辑与直觉""分析与建造"等,数学探究教学应该是对数学科学探究的这两个层面的模拟。

(三) 数学探究教学过程的环节与教学功能

数学探究教学过程包含四个基本环节，每一个环节都体现一定的教学功能。

1. 提出问题

即创设问题情境，使学生积极投入到问题探究之中。科学探究是从问题开始。创设问题情境通常需要具备三个条件：一是学习者能否在先前经验的基础上觉察到问题的存在；二是探究的内容对于学习者来说一定是新的未知，经过努力是可以掌握的；三是能否激发探究者的认知冲突，需要和期望。其中学习者能否在先前经验的基础上觉察到问题的存在是关键性环节，问题要有难度且通过努力又能达到目标。有难度要求问题高于学生现有水平，造成形式认知冲突，打破原有认知平衡，激发学生的探究心理，这样学生的注意力集中，心智活跃，充满热切的心情和克服困难的意志。问题必须建立在学生的最近发展区上，遵循可接受性原则，即难度要适当，否则学生不能理解和认同，因此，问题必须是学生经过努力思考可以解决的。学生的问题来源一般有三个，一是从教材提供的案例和背景材料中发现和建立；二是从教师提供的案例和背景材料中发现和建立；三是在学习数学知识的过程中发现和提出。教师应特别鼓励学生在学习的过程中发现和提出自己的问题并加以研究。

2. 建立猜想，形成命题

即利用假设的方法，有根据地进行猜想、联想，明确解决问题的途径和方法。在数学探究活动中，在对探究的问题所涉及的知识和事实材料不够充分的情况下，一方面，要进一步收集有关事实和资料，架设新旧知识的桥梁。要让学生在数学探究的过程中，学会查询资料、收集信息、阅读文献，做积极有意义的选择。这里，资料和信息的载体可以是文献资料、数学实验，也可以是网络资源或师生交流过程的表征。在一个开放的教学环境中，培养学生自主、自觉收集事实和加工处理获取信息的能力尤为重要。另一方面，人们可以凭借已有的事实和先前的经验，以假设的形式进行大胆探索。假设（猜测）是根据已有的资料和客观事实，对探讨的问题设想出来的一种或几种可能的答案、结论。就其结构而言，假设包含已知事实和推测性结论两种基本成分，假设通过这两种成分的搭配明确解决问题的途径，在条件和结果之间建构设想，是科学探究活动的最重要的特征之一。

在探究性学习活动中，教师应针对班级中不同水平层次的学生群体，使每个学生都能有机会表达与自身水平相适应的见解，要引导学生自己提出假设，或在教师的引导点拨下提出假设。在可能的条件下，教师要组织合作学习，并在合作学习过程中进行引导、支持和强化学生对假设合理性的探讨，使学生拥有成功的体验。

3. 科学解释与证明

即重证实与证伪，使学生主动参与实验、实践，体验数学证明的过程。假设提出后，就要想方设法去检验它,用一些实例对猜想作出检验,从而增加猜想的可信程度或推翻它,这是数学探究性学习完成对所学知识的有意义建构的重要环节;建构性学习认为学习者要达到对事物所反映的性质、规律以及该事物与其他事物间联系的深刻理解,最好的办法就是让学生到真实环境中去感受、去体验(通过获得直接经验来学习),而不是仅仅聆听教师或其他人的介绍和讲解。因此教师在证实与证伪阶段,要运用一定的教学策略或教学模式,创造条件使学习者积极参与假设检验的设计,进行数学实验或其他证明途径的研究。在实验等证明途径的研究过程中,教师要适时引导合作与交流、反思,增强情感的体验,调控探究过程,强化成功的欲望。要避免在假设检验过程中,把设想等同于规律的倾向,假设有时需要反复验证,没有充分的事实,不要轻易接受或推翻假设,以培养务实求真的科学素养。

要重视发现规律,得出结论的过程,使学习者积极思考,进行科学抽象,形成科学解释。在验证假设的过程中,通过数学实验、思维推理等,对所学的知识和事实进行分析和判断、解释和应用。用数学术语、图表等形式加以系统化、简明化、概念化,是探索者思维方法的学习和思维水平提高的表现,也是学习者对知识完成意义构建的关键。

第二节 数学教学模式的构建

数学教学理论的模式化研究,其目的在于对传统教学方式的改造和对新的教学方式的寻求。模式化的研究方法近年已成为一种相对比较成熟的研究方法,因而教学模式的建构也逐步形成了相对稳定的规范和基本要求。

一、数学教学模式构成的基本要素

模式一般具有一个相对稳定的结构,由一些基本要素构成。数学教学模式的结构是指发生在数学教学过程中构成教学的诸要素以及相互关系。这些要素在构成数学教学模式中具有不可或缺、不可替代性。一个成熟的教学模式应至少包括以下四个基本要素。

(一)理论基础

理论基础是构成教学模式诸要素的核心和灵魂。它决定着教学模式的方向和独特性,它渗透在教学模式中的其他各因素中,并制约着它们之间的关系,是其他诸因素赖以建立的依据和基础。每一个模式都有一个内在的理论基础,数学教学模式的建构如果没有先进的数学教学理论指导,就只能永远在低层次徘徊。影响和制约数学教学模式的理论基础主要有以下几个方面。

1. 数学观

对数学的认识,从深层次上影响和制约着教师的数学教学,并进而从某种程度上影响着学生学习数学的态度,以及形成正确的数学观和数学学习的价值观。由于每一位数学教师在教学实践过程中,都不知不觉地受到一种观念特别是数学观的支配,这种观念在教学过程中起了潜移默化的作用,直接影响到教学行为和学生的学习。

2. 数学学习理论

现代教育心理学的最新成果推动了数学教学理论的发展,并指导数学教学改革实践。例如,程序教学模式的理论基础是行为主义心理学,数学目标导控教学模式是布卢姆的掌握学习理论。许多不同的教学模式的理论基础其主题是一致的,布卢姆的概念获得教学模式、加涅的累积性教学模式、奥苏伯尔的先行组织者教学模式等,其理论基础都是现代认知心理学理论。

建构主义学习理论强调学生学习活动过程中的自主参与,要求学生由外部刺激的被动接受者和知识的灌输对象转变为信息加工的主体、知识意义的主动建构者,这对教学过程中教与学的双方都提供了一种明确的新思路,同时也对建立新型的教学模式提供了一个新的参照系。建构主义的教学理念下,要求教师要彻底摒弃以教师为中心的传统教学模式,采用全新的教学方法和全新的教学设计思想,因而必然要对传统的教学理论、教学观念提出挑战,从而在形成新一代学习理论——建构主义学习理论的同时,也逐步形成了与建构主义学习理论相适应的新一代教学模式、教学方法和教学设计思想。

此外,近年来关于数学概念学习、数学命题学习理论的系统研究,数学思维、问题解决以及数学课程改革的理论与实践,为数学教学模式的实践与研究提供了直接的理论基础。

3. 数学教学理论

现代教学理论通过对教学过程的"双主体"性确认,认为数学教学过程中,师生双方是互为主体、互相依存、互相配合的关系。是使师生的生命活力在课堂上得到充分发挥,具有生成新的因素的能力,具有自身的、由师生共同创造的活力。对数学教学目标、本质、规律、价值、功能等一系列的研究,为数学教学模式的改革与创新奠定了基础。

(二)教学目标

数学课堂教学目标是对课堂教学中学生所发生变化的一种预设,是完成数学课堂教学任务的指南,是构成教学模式的核心因素,是进行数学课堂教学系统设计的一个重要组成部分。每一种教学模式都是为了完成某种特定的教学任务而设计、创立的。教学目标是教师对教学活动在学生身上所能产生效果的一种预期,是进行数学课堂教学设计、进行数学课堂教学活动的出发点和归宿。教学目标的确立在于能使活动具有明确的方向,克服教学活动中的盲目性和随意性,它制约了教学程序、实施条件等因素的作用,也是教学评价的尺度和标准。

一种先进的教学模式其目标的制订应是科学合理的、具体的、可测量的、便于操作的，而不是笼统的、抽象的，教学目标应包括基础知识、基本技能、能力发展、情感态度、价值观等诸方面。教学目标应具有层次性和渐进性，具有从识记、理解、应用到综合，从低级水平到高级水平的渐进过程，反映由知识、技能转化为能力，并内化为素质的要求和过程。教学目标既要考虑到学生智力因素的培养，又要考虑到学生非智力因素的培养，形成良好的思维品质和个性品质。

（三）操作程序

成熟的教学模式都有一套相对稳定的操作程序，这是形成教学模式的本质特征之一。操作程序详细说明教学活动的每一个逻辑步骤，以及完成该步骤所要完成的任务。一般情况下，教学模式明确指出教师应先做什么，后做什么，学生分别干什么。由于教学过程中，教学内容的展开顺序，既要考虑到知识体系的完整性，又要照顾到学生的年龄特征，还有基本教学方法的交替运用顺序，因此，操作程序既是基本相对稳定的，又不是一成不变的。

操作程序的设置应遵循学生的认知规律和学生认知基础，首先，要遵循从具体到抽象，从感性到理性的认知规律。教学设计中必须为学生提供丰富的感性材料，利用鲜明生动的事例、图片、图形，有条件的可以借助于多媒体进行辅助教学，在感性材料的基础上引导学生进行比较、分析、综合、归纳、演绎、抽象、概括。其次，要遵循从理解到运用的认知规律，将有序的训练引入课堂教学。设计由易到难，由简到繁，由基础到综合的训练程序，既可以适合不同水平的学生，又能激发学生思维，发展学生的思维能力。

（四）实施条件

任何一种教学模式都不是万能的，有的只能适合于某一类课型，有的适用于几种不同的课型。数学概念课、命题课、习题课、复习课等不同的课型所适用的教学模式是不尽相同的。即使是同一种教学模式，在具体实施过程中，在教学策略上也必然存在较大的差别。

教学模式的实施还与师生之间的配合有关。教学模式的实施条件一般包括教师、学生、教学内容、教学设备、教学时空的组合等因素。教学活动中，教师的教学水平、教学风格、学生的能力水平以及师生关系，是实施某一教学模式达到最佳教学效果的一个重要因素。

（五）教学评价

评价是一种有关价值的判断，它是一种主体性活动，随着主体的不同而有所不同。对数学教学评价的目的是为了促进学生的发展，所以数学教学评价必然是要以学生的学习、发展为尺度。数学教学的评价不能简单化、单一化的以学业成绩来评判。根据新课程标准的要求，要从知识与技能、过程与方法、情感、态度、价值观等多维视角来全面评价学生的发展，进而来评价数学教学。

二、数学教学模式的研究方略

尽管有许多教师认为,实际教学中并非受到"模式"的控制,但事实上每一个教师在长期教学实践中,都有意识或无意识地形成一定的教学模式。在长期的教学活动中,教学理论研究和教学实践探索的深入,不断创造出新的教学模式,这种研究与探索是无止境的。随着教学理论与教学实践活动的发展,当用以组织和实施具体教学过程的相对系统、实践策略、基本方式和方法基本稳定时,一种新的教学模式就会形成。这种来自于教学理论与教学实践的有机结合的产物,反过来会进一步指导和促进教学的发展。与此同时,教学模式自身又不断得以丰富与完善。

课堂教学模式的建构途径多种多样,许多教师是在自觉与不自觉中进行着教学模式建构的"行动研究"实践。从实际教学情境出发,进行研究、诊断、分析,对教学提出改进措施,是一项以实践为逻辑起点,并以改进数学教学实践为归宿的研究活动。这不能仅仅是满足于现实问题解决在经验层面上的总结,更需对已有成功经验进行探讨和理性思考,在实践的基础上,在一定范围内作出自己的理论贡献。数学教学过程是一个复杂、多变的动态过程,每一位数学教师要经常反思行动过程中的问题,通过行动研究,依据行动的实际情况,随时调整计划,改进教学方法,使日常的数学教学活动不仅成为教与学的工作过程,而且成为一个教师反思教学、进行教学研究的过程,使研究过程成为一个理智的工作过程,达到研究和行动的完美结合,使研究能有效地改进教学行动。

数学教学整体水准不断提升,迫切需要专家型、研究型的教师,而不是教书匠。每一位数学教师都应有参与教学科学研究的意识和义务,教师既是数学教学人员又是教育研究者,教学与研究的一体化成为未来教学研究的主要趋势。因而每一位数学教师都要发挥主动性和创造性,重视对自己教学实践进行不断地反思与重构,其中一项重要的内容就是要加强对教学模式的建构研究。如何建构教学模式,并没有固定不变的程式,但无论是采取哪一种类型得到的教学模式,都必须经过课堂教学实践的检验。现代科学方法论中,建模是一种重要的研究方法。科学研究有定性研究和定量研究两种主要方法。从模式论看,则有定性建模和定量建模两种建模方式。教学建模主要采用定性建模的方法。总体上从方法论角度来看,主要有以下几种方法。

(一)总结归纳法

数学教学模式的一个重要来源是教师对教学经验的反思,教学实践是数学教学模式创生的源泉。优秀教师成长的一个重要途径是:"经验+反思"。新型的教师不再被认为只是教学的工具、被动的执行者,而是数学教育的实践者和研究者。数学教学实践中,教师通过自己的教学实践发现教学中存在的问题,如学生对学习数学兴趣不浓,甚至有厌学情绪,或缺乏自主性、灵活性,进而进行有针对性的教改实验。从大量的教学实践中总结规律，再通过归纳法的筛选，上升到理论，形成"实践—理论"归纳型教学模式。即从教学实践出发，对实际经验或研究成果进行加工、提炼，升华为教学模式，然后在教学实践中不断循环往复，解决教学实践中所存在的问题。其过程一般是：经验—理论—实践—完善—推广。用归纳法研究教学模式主要是经验概括或行动研究。即在大量的教学实践基础之上，从优秀的数学教师的教学经验中总结出优点，并概括出共性，使之规范化、系统化、程序化，形成教学模式；或者采用行动研究法，"处方式"地分别研究教学模式的要素，然后综合、归纳出教学模式。故用归纳法研究教学模式的起点是教学经验，模式形成的过程是筛选、概括经验。

（二）理论推演法

从实践上升到理论，其目的是为了更好地指导实践，因而教学理论的一个重要作用就是有效地指导并改进教学行为。而教学理论对教学实践的指导往往通过教学模式这一"中介"来实现。有些教学模式并不是直接从教师的经验中上升到理论，而是从现代数学教学理论、数学方法论、数学哲学等理论科学，模仿演绎应用到教学实践中去，形成"理论—实践"演绎型教学模式。近几年来的数学教学理论、教育心理学、数学哲学以及其他相关学科的研究成果为建构新的教学模式、改革传统教学模式提供支持，利用新的理论提出假设加以设计、演绎，并运用到教学实践中去，拓展、深化了教学模式的研究。系统论、信息论、控制论等科学方法的介入，也使教学模式的构建更为科学和严密。这在客观上，提出教师加强自身学习、跟上教学理论发展步伐的必要性和迫切性。

用演绎法研究教学模式主要是先从理论出发提出设想，设计出模式、再验证设想，即从一定的教学思想或理论假设出发，根据教学要求和学生实际，设计出相应的教学运行模式，再付诸实践，经过实验、验证、发展和完善，最后形成可供借鉴、推广的教学模式。其过程可表述为：设计—试验—修改—试验—完善—推广。验证过程中，主要是将设想转化为教学活动的指南，具体提出基本的操作策略和程序，从而实现预定的教学目标。从某种理论出发设计教学模式并用之于教学实践中，这带有一定的实验性质，对数学模式的丰富可以起到积极的促进作用。从先进的教学理论出发提出正确的设想是使用演绎法得到教学模式的关键，验证设想是模式形成和完善的重要保障。

（三）综合法

现行实际情形中，数学教学模式的构建没有一个是单纯的从某一个体经验基础上归纳而成，或者是从某一理论的演绎，或是采用简单的借鉴、模仿而得，都是在吸收两种或两种以上某些思想、策略、结构、方式的基础上综合构建而成。综合运用归纳法和理论推演法构建教学模式正成为主流走向。

在实践中案例研究常常成为教学模式研究的必要前提和基础。教学案例就是一个教育故事，能真实地反映教育实践中的疑难问题以及提供解决问题的策略和方法。教学案例研究是通过对教学中的具体问题、行为的再现和描述，对教学过程进行剖析，来诊治教学中的实际问题。通过案例研究和学习，教师可以从教学行为中积累反思素材，促进教师自我反省，分享他人成长的经验，系统地改革课堂教学行为。案例研究是教学研究中进行实证分析的重要方法，教学案例已成为教师专业成长的阶梯。

近几年来，教学案例研究在我国教育界备受关注。教学案例具有真实性、典型性、时代性等特征，受到广大教学工作者钟爱。特别是在推进新课程标准，开展新教改的过程中显现出强大的威力。

1. 沟通教育理论与实践的桥梁

教学理论研究关注的是教学领域的一般规律，教学实践活动则是具体的、情境的、不确定和不可预测的。教学案例是教学情境中问题的提出与解决，探讨实际案例中所描述的问题，能够具体地真实地反映教学现实。

2. 提高教师的实践反思能力

教学案例研究使教师经常处于一种反思状态，使反思成为常规工作，探索教改途径，总结得失，而且具有不可替代性和现场感，进而提高教师对课堂教学的领悟能力。有意识和经常性的案例写作，将有效提升教师观察、发现和解决教育问题的专业水准。

3. 分享优秀教学经验

教学案例的内容贴近教学实际，材料来源丰富，写作形式灵活，易于传播、交流和研讨，是交流与借鉴的渠道。教学案例研究有助于教师互相交流研讨、加强沟通。教师工作主要是一种个体化的劳动过程，案例把个体经验变成了可以共享的财富。把教学案例研究作为校本教研活动的有效载体，在教师之间进行案例分析和讨论，可以使教师认识到自己工作的复杂性、教育问题的多样性和歧义性，从而提炼出教师内在的知识、价值与态度，促进相互之间的启发、交流和借鉴，提高教师的分析反思能力，有利于提高教师的教育教学水平。

4. 提高教学研究实效

在案例研究中，提供的真实场景，有故事背景，有来龙去脉，有发展过程，有人物情节，全面、系统，有时还附有针对教学中的问题，开展对某具体教学现象的观察与分析，以及从各个侧面进行研究、分析和解释的图示和数据，对教学场景，在时空上对研究对象进行全方位、多层面和多维度的研究。教学案例研究有助于教师深入剖析教学中的问题，提高教学研究的实效。

案例研究的目标是调整并改进教学行为，提升教师的实践智慧，追求的是教学与研究的一体化，既是一种教学研究的方式，又是教师教学工作的一部分。中小学教师的专业化成长，是职业生涯中值得深思的问题。教学案例研究是教育工作者反思教学、教学研究成败得失、积累教学经验的载体。案例的开发和运用，贴近教师工作实际，教师有话可说，有内容可写，亲和力强；可以发现整个教育过程中所存在的有关问题，反思已有行为与新理念，反思理性的课堂设计，在教学实践中学会反思和探究问题，扩大知识视野；通过深入地思考问题情境和教学案例，成为促进教师专业发展的持久动力。

三、数学教学模式建构的实施步骤

教学模式的构建要遵循教学模式的结构进行。我国学者查有梁先生提出定性构建教学模式的基本程序是：

（1）建模目的。明确建立教学模式所要达到的目的。

（2）典型实例。通过调查研究，找出一个典型的个案。

（3）抓住特征。通过理论上分析案例，概括出基本特征和基本过程。

（4）确定关键词。进行语义比较，找出表述模式的关键词。

（5）简要表述。对模式作出简要的定性表述。

（6）具体实施。在教学中实施模式，注意充分体现模式的特征和过程。

（7）形成子模式群。在教学实践中，因不同实际情况，能"变换""适应"，从而形成系列的子模式群。

（8）建模评价。对模式设计和实践进行归纳总结，以便改进。

上述各个阶段应是联系的、多向的。在理论和实践上，都要经过修改、完善、发展才能构建一个有效的教学模式。

无论是采用哪一种方法，都有一个运用推广教学模式的过程。必须注意的是，不能只是给教师提供一种操作的框架，而应注重引导其对相应教学理论、原理的学习和把握；更不能急于求成，不能限制得太死，简单化、搞一刀切，学习推广同一种教学模式，而应循序渐进，在小范围内实验、在提供示范的基础上逐步推开，留给数学教师一定的可供发挥的余地。

当今数学课程改革实践中，根据新课程理念，针对时弊，许多老师对传统教学中不尽科学、合理之处进行探索、实践，取得了一定的成效。但是，在学习运用新的教学方式（模式）时出现了一种简单化的现象，"东施效颦"，不加分析地照搬，其结果自然不甚理想，进而错误地怀疑甚至否认教学模式研究的意义。他人的成果要转化为对自己教学行为的改变，很重要的一个方面是需要教师结合自己的实践，针对自己鲜活的课堂实践，基于校本实际问题、情境，不断总结、反思，开展校本教学模式研究，对教学实践经验进行总结、反思与升华，对课堂教学结构进行整体优化，这样才有助于提升教师的教学实践能力和智慧。基于校本的数学教学模式研究不是对数学教学模式进行理论研究或者是对一般教学模式进行研究，而是针对学校的实际，研究解决学校教学中的现实问题为出发点的研究、研究的结果应有助于改革学校教学的现状。

教学模式从某种意义上讲，是教学研究中对教学现象的抽象、思辨的产物，是一种关于教学的理论。对教学模式的研究可以在一定程度上看成是过去对教学方法研究发展的一个直接结果。在长期的教学活动中，教学理论研究和教学实践探索的深入，不断创造出新的教学模式，这种研究与探索是无止境的。对于教学模式的研究可以有一般的探讨，付诸实施则更多的要基于校本。

基于校本的教学模式研究并不只是局限于学校，需要专业引领、研究人员与一线教师共同参与，对整个教学模式进行系统的、多视角的认识，从而试图避免对教学模式简单、单一、僵化的认识，这是开展校本教学模式研究的基本出发点和意义所在。

从本体论和认识论上来讲，校本教学模式的研究并不坚守实证主义的立场，追寻绝对的真理和客观的现实，探求普遍存在的规律和事物的本质属性；而是从原始资料出发，采用现象学的方法、实验调查的方法、思辨的方法等多种方法相结合，采取证伪与证实相结合的立场，从学校的实情出发，来研究教学模式。

基于校本的教学模式研究是一线教师切实可行的、具体的、具有可操作性的校本教研方略。教学水平的提升，离不开基于校本的教学模式研究。一名教师如果局限于对具体教学内容的熟悉、某一种教学方法的运用，不能经常不断地对有关教学进行理性思考，进行"模式"上的认识与分析，教学水平就只能在较低层次上徘徊。对于一名成熟的教师来讲，教学模式的运用也很重要。随着教学素养（包括知识、能力、方法等）日渐提高，教学信息的大量储存、教学经验的逐步积累，教师会根据自己不断的借鉴、实践，形成自己对教学模式个性化的理解和认识，建构起自己的教学模式图景。根据校本实情、特点，通过不断地实践与探索，反思与重构，灵活地运用模式，形成了自己独有的教学艺术风格和特色。现代教学实践和理论进一步表明，将学生是如何学习的作为一种教学干预的结果加以预测是不可能的。在课堂教学中这种非线性特征表现得非常明显，学生的发展水平和其身心状况制约着教学，而教学又促进和调节着学生的发展与身心状况。

教学系统的非线性特征，要求教师在教学时要基于校本、生本、师本。当今的课堂教学是一个开放性课堂，有经验的教师可以凭经验把握它，若自觉地掌握了它的规律，就有利于提高教学效率，更快地提高教学水平。教学过程的这种不确定性，要求教师立足于校本，针对具体的教学情境，选择适当的教学模式进行教学，构建适合自身特点的"校本教学模式"。

构建适合学校本身特点的教学模式途径多种多样。从学校实际教学情境出发，进行研究、诊断、分析，对教学提出改进措施，是一项以实践为逻辑起点，并以改进教学实践为归宿的校本研究活动。但不能停留在仅满足于现实问题解决的经验层面上，还需要对已取得的成功经验进行理论上的探讨和理性思考。教学过程是一个复杂、多变的动态过程，每一位教师要经常反思行动过程中的问题，通过行动研究，依据行动的实际情况，随时调整计划，改进教学方法，使日常的教学活动不仅成为教与学的工作过程，而且成为一个教师反思教学、进行教学研究的过程，使研究过程成为一个理智的工作过程，达到研究和行动的完美结合，使研究能有效地改进教学行动。

教学整体水准不断提升，迫切需要专家型、研究型的教师。每一位教师都应有参与教学科学研究的意识和义务，教师既是教学人员又是教育研究者，教学与研究的一体化成为未来教学研究的主要趋势。因而每一位教师都要发挥主动性和创造性，重视对自己教学实践进行不断地反思与重构，其中一项重要的内容就是要加强对教学模式的建构研究。如何建构教学模式，并没有固定不变的程式。

对于从事教学实践的教师而言，如何构建实用可行的教学模式以改进教学，可主要采取行动研究法，通过以下的几个步骤来实施。

1. 总结归纳

一名优秀的教师要善于不断地总结反思自己的教学行为。校本教研，同行间的相互学习，教学观摩是一个重要的途径。从教学案例等第一手材料入手，对教学行为进行评判反思，对学生的学习结果和行为变化进行分析，并进一步追问："这种现象是否反映了教学中的一种本质？如何从理论上作出解释？"通过对经验的理性反思，加深对教学理论与实践的理解和认识。通过对教学过程中典型范例的研究、归纳、提升，形成自己的独特的教学风格。这不仅是自己教学实践的结晶，同时也是构建教学模式的必要基础。

2. 比照反思

形成一种教学模式并不是简单的教学经验的汇编。对教学过程中师生双方的活动，教学实施的程序及其方法，现代思想的体现，现代化教学手段的运用等要融为一体进行比照与衡量、综合与反思，形成一个实施教学的课堂策略体系。教学反思与案例研究、教学模式研究密切相连。

3. 完善设计

教学模式的形成是一个不断完善、发展的过程，需要遵循从"实践到理论再到实践"或从"理论到实践到理论再回到实践"的不断升华。从教学目标、教学结构程序、教学手段方法等方面完善教学模式的设计，把不利本校学生、教师等实际的因素去除，把优秀的教学传统继承下来。

4. 实践检验

进行教学研究的宗旨就是为了有效地促进教学实践，一种教学模式是否成功有效，唯一的标准是通过实践来检验。经过学校的教学实践，验证这种教学模式是否符合本校的教学实际，有效地改进了学校教学，提高了教学效率，促进了学生的身心发展。

5. 理论升华

教学模式既然作为一种理论，必须从感性层面上升到理性层面，在反复实践、基本成熟的基础上形成一个符合素质教育要求，符合教学规律、学科的特点、认知规律和心理发展规律，有一定特色的课堂教学结构模式框架，并组成文字资料。一般来说，理性升华可以包括以下五个方面。

（1）模式命名。一个教学模式的名称要能够反映该模式的特点，切忌哗众取宠，没有实质性内涵。

（2）建构的理论依据。这是教学模式的精髓，也是反映该教学模式合理性的一个重要标志。

（3）模式的结构特点。一种新的教学模式的提出，对优化课堂教学结构要有其新颖性、独特性，否则不能认为是一种新的教学模式。

（4）典型案例。这一方面是模式生成的基础，另一方面可以用以阐释教学模式，便于他人学习、推广。

（5）实验总结、分析。根据对本校教学实践的效果，分析教学模式的科学性、合理性、实效性。这是对教学模式的科学性、合理性、实用性的验证，也是教学模式发展、完善不可或缺的重要环节。

基于校本的教学模式，无论是采用哪一种方法，在理论和实践上，都要经过修改、完善、发展才能构建一个有效的教学模式。必须注意的是，教学模式的构建不能急于求成，限制得太死，简单化、搞一刀切。构建一种教学模式，应循序渐进，在小范围内实验、在提供示范的基础上逐步推开，并进一步构建符合学校实际的校本教学模式。无论是采用哪一种方法，在理论和实践上，都要经过修改、完善、发展才能构建一个有效的教学模式。

近年来，由于人们对教学模式的普遍关注，在各级各类书刊、杂志上出现了各种各样的数学教学模式。有的比较成熟稳定，有的还在探索实验阶段，有的甚至只是改头换面地搬用了其他教学模式，旨在刻意地杜撰属于自己的所谓"新"教学模式，这是在教学模式研究过程中不值得提倡的。构建新型课堂教学模式应以有利于提高教学效率，有利于学生素质的全面发展为目的。新型课堂教学模式要在教学观、教学目标、教学方法、教学手段等方面有所体现，不应该等同于一般课堂教学模式，否则"新"字就无法体现。新教学模式的建立并不是为了取代原有的教学模式，而是对原有教学模式的发展，构建一种新型的数学教学模式，应该符合和体现现代先进教育思想和教育理论，具有一套比较完整的操作要求和基本程序。对于不同的教学媒体具有不同的教学特性与功能，教学内容、知识类型、教学对象年龄层次等都具有自身的特性。

就其一般方法论而言，演绎和归纳是两种最基本最重要的研究方法，各有其价值和优势，这两种方法运用到教学模式的研究上各有其重要的、无法替代的功能。但是，用归纳法建立起的模式，由于模式所依据的经验往往受到地域、环境、教育者等诸多条件的限制，可能偏长一隅，这给运用、推广带来了一定的局限性。用演绎法研究教学模式，首先要找到需要解决的问题，但其设想不能凭空而造，除了必须有成熟的理论外、仍得考虑实践经验和存在的问题。必须针对解决问题的需要提出设想，并借助理论思维设计出模式的雏形，然后用实验验证其有效性后，才能确定出模式。如何选择适当的方法研究模式，必须根据研究者已有的基础等实际情况，以及研究的内容、时间、地点和条件等多种因素加以综合考虑。

"行动研究法"倡导"没有无行动的研究，也没有无研究的行动"，强调行动与研究间的密切关系，并且认为这种方法是"将科学研究者与实际工作者的智慧、能力结合起来，以解决某一实际问题的方法"。明确提出"教师即研究者"，改变了教育研究为专业研究者所把持的局面，为解决教育研究中固有的教育理论与教育实践脱节的问题，找到了一条有效的途径。就教学模式研究而言，对于每一位从事数学教学实践的教师，基于校本的教育行动研究是教师专业化成长的必经之路。

行动研究特别强调教师的参与，对自己从事的实际工作进行反思，是一种教学人员与科研人员共同参与，融教育理论与教育实践于一体的教育研究模式。

由于参与者的不同，一般认为行动研究有两种不同的类型：一种是实践性行动研究。这类研究中，教育专家和教师是合作伙伴关系，专家作为"咨询者"，帮助形成假设，计划行动，评价行动过程及结果，研究的动力、选题来自教师。另一种是独立性行动研究，是教师通过教学反思采取相应行动的一种研究方式。这种反思性行动完全是由教师自己或在一个群体的通力合作下进行的研究。

由于教学模式的特点，在研究过程中，必须依靠大量优秀的数学教师的教学经验，进行长期的探索、实践。在数学教学实践中概括、研究教学模式，这本就是一种离不开教学人员参与的行动研究。这种行动研究的特点是基于广大数学教育工作者在教学实践中积淀的值得推广的丰富的教学经验，并在此基础上进一步概括形成的教学理论，它已在实践中得到了不同方面、不同程度的检验，故其可行性强，可以更好地被一线的数学教师所理解、接受，用来指导数学教学实践。因此它可以避免盲目性，缩短研究者在经验中苦苦摸索的过程，从而节省时间。实验验证模式时，如果能通过对影响模式的各种变量加以严格控制，则可以较好地避免在进行教学实践研究过程中的主观随意性。只要严格按照实验计划规范地实施，就能验证该模式是否可行及效果如何，如可行而效果好，则模式成立。

由于教学实践的需要，教学模式的研究日趋活跃，人们借助数学哲学、数学教育心理学和数学教学论等各学科的研究成果、技术和方法，构建了许多新的数学教学模式，使模式研究呈现出多样化的发展趋势。这对教学理论研究的深入和教学改革起到了积极的指导和促进作用，呈综合化发展的趋势，集中表现在以下几个方面。

（1）在教学目标上，由单一目标向多种目标发展。教学研究的逐步科学化，人们早已不把学生当成接受知识的"容器"，而把学生看成是能动的主体，是知、情、意、行的统一体；数学不再被看成是"毫无实用价值的符号游戏"，数学教育的目标不只是为了进行形式陶冶，也不是完全出于实用主义的目的，而是工具性与文化性的统一体。因此，当代数学教学模式总是明确提出多种教学目标。

（2）传统的数学教学模式的研究只关注课堂内的教学活动，现代数学教学模式的研究，由单纯的课堂向课内、课外多种教学模式发展。随着研究领域的拓宽，教学活动已不局限于课堂教学。数学课外活动的开展已成为一种十分重要的教学形式，它直接影响着课内教学的质量，因此，教学模式的研究范围包括课内和课外。

四、数学教学模式的类化研究

从分类学的角度对教学模式进行的一种反思性研究，一方面，在教学模式的形成和发展过程中，由于依据的教学思想或理论不同，从而在教学实践中形成了各种不同的形式，构建起不同的教学模式。通过对教学模式的分类研究，有利于理清各种（类）教学模式的特点、实施条件，把教学模式的研究成果更好地应用到教学实际中。另一方面，分类研究，是对教学模式研究的深入和理性提升，反映出教学模式的研究由混沌走向有序，由个别研究走向全面、整体，趋于成熟，也是模式研究的一种重要的方法。

对数学教学模式的分类研究其目的不在于把某种教学模式归入某一类，而在于深化教学模式的研究。关于教学模式的分类，目前有多种。根据不同的标准对教学模式可以进行不同的分类。一般来说对教学模式分类有两种途径：一种是从教学目标、任务、作用等外部因素入手进行分类；另一种是从教学的组织形式、教学程序以及理论依据、指导思想入手进行分类。两种分类方法各有利弊。目前我国数学教育实践中用得较多的是这两种方法相结合的分类方法。

第三节 高效课堂综述

一、高效课堂的形成发展简述

新课程倡导以学生为中心的课堂教学过程，倡导学生进行自主性的探究性学习。高效课堂，不仅是达成高效率的课堂，更是教育教学形式的巨大变革。

对于高效课堂，有许多种看法，列举以下几种。

（1）所谓高效的课堂，一定是每一个学生在每一个时间段都有事做。在新课程条件下，我们强调要关注每一个学生，不是时髦的理念，而是保证课堂高效的条件。

（2）所谓高效课堂，就是在具体的一节课中学生能达到厚积知识，破难解疑，方法优化，能力提高，学习高效的境界。

（3）高效的课堂应该让学生们过得心情舒畅，有良好的安全学习心理环境。高效的课堂即学生学习的高效。

（4）课堂教学高效性是指在常态的课堂教学中，通过教师的引领和学生积极主动的学习思维过程，在单位时间内（一般是一节课）高效率、高质量地完成教学任务，促进学生获得高效发展。

以上观点的共同点是：课堂教学中关注学生的发展，学生的感受，学生学习的高效，它的主体是学生群体。只有课堂取得实实在在的效果，使每个学生个体都有较大的发展，课堂教学的目标才能算得上实现。

二、高效课堂在我国数学教育中的发展

教育局启动了高效课堂工程建设项目，而我们教学一线的数学教师要做的就是要真正减轻学生的学习负担，进一步提高教学效果，提高教学效率，追求高效课堂。

初中数学要求学生"善于质疑"，这样的评价标准是引导教师不再满堂灌，更加重视学生的地位，注重教学效果。

现代科技的发展引起了教育方方面面的改革，而且教师、学生获取知识的途径也已经变得开放而生动，课堂的容量也变得有很大的伸缩空间；变革必然产生，高效也会产生，时代在发展，科学在进步，人类是万物之灵，如何发展是大家应该探讨的问题，如何高效发展更是教育界各个领域所应研究的问题。

教育部门已经做出努力，而且硬件方面也跟得很紧，有很多科目非常适宜使用多媒体，高效和广泛的获取知识是必然的，课堂的发展也会越来越适宜学生发展的需要。

三、现代初中生的认知特点与初中数学高效课堂

初中生是指 12～15 岁的儿童，这个年龄的儿童在生理和心理都发生着巨大的变化，他们的思维形式和行为方式也都不同于更小的儿童。从数学层面去看，12～15 岁这个年龄阶段的儿童，他们具有一定的抽象逻辑思维，可以开始学习推理和形式运算。这个年龄的孩子可以将形式和内容分开，可以离开具体事物，根据假设来进行逻辑推演的思维，他们可以比较轻松的学习诸如组合、包含、比例、排除、概率、因素分析等逻辑课题。

在少年期的思维中，逻辑抽象思维开始占优势。同时，从少年期开始他们已有可能初步了解辩证思维规律。在思维过程中，孩子们喜欢新颖独特的东西，他们会有自己的偶像，大多都很特别甚至让老师、家长无法接受，或者很是惊奇。孩子思维能力的改变也会使他们的决策过程发生相应的变化，或好或坏。抽象逻辑思维处于优势地位，从经验型向理论型过渡；其思维主要属于经验型，理论思维还不很成熟。思维品质的各成分及表现形式具有显著的年龄阶段性特征。思维品质的成分及其表现形式有很多，诸如独立性、广阔性、灵活性、深刻性、创造性、批判性、敏捷性等。初中二年级是逻辑抽象思维的新的起

步,是中学阶段运算思维的质变时期,是这个阶段思维发展的关键时期。

初中学生在空间知觉上,带有较大的抽象性,这使得他们可以比较熟练地掌握三维的空间关系。初中学生在时间知觉上,可以很精确地理解较短的单位,例如,日、月、年、一周、一小时、分分秒秒等,但是对"世纪""年代"这样的较大的时间单位,理解起来通常不是很精确。

初中阶段的学生注意力更加集中和稳定,他们可以一心二用或者一心多用,比如一边写字一边听课、一边吃饭一边背英语单词等。很多学生有分配自己注意力的能力。

四、在初中数学课堂的多媒体辅助教学过程中防止教学内容"去数学化"

新的课程体系突出以基本的数学思想方法为主干,如在"数与代数"领域中相关运算定律蕴含的可逆性思想,分数知识中体现的整体思想与部分思想、量不变思想,认识议程中包含的代数思想、消元思想等,教材中呈现的这些基本数学思想方法为教学提供了方便,也为培养学生的数学思考提供了有效的途径。教师要针对教材蕴含的不同数学思想方式、方法在教学过程中有意识加以渗透,在学习过程中,教师要引导学生认识数学思考的意义,体会数学思考有助于学生对数学学习的理解,感受数学思考在解决问题中的积极作用,从而激起学生萌发掌握数学思想方法是打开数学王国之门的金钥匙的观念。

数学教育,自然是以"数学"内容为核心,数学课堂教学的优劣,自然应该以学生是否能学好"数学"为依归,也就是说,教育手段必须为数学内容服务。高效不等于花样繁多的课堂表演,而是切实以学生的学习效益为核心的,学生学好了数学,花了更少的时间去完成同样多的数学作业,对于同样的问题能形成自己的解决方式,遇到问题会想办法解决。

合理利用多媒体进行数学教学的辅助,老师可以多层次、多角度、很直观形象地将数学知识形成的过程展示于学生的面前,这样可以调动学生学习的主动性,使学生对数学学习喜爱有加,必定能提高数学课堂教学的效率。

多媒体辅助教学很是灵活多样,在运用多媒体计算机进行教学辅助的同时,教师要精讲和启发学生,学生出现的质疑、问题和难题,师生一起组织讨论,使学生通过直观的感受和仔细的观察得出正确结论,这样教师可以有效地激发学生学习数学的兴趣,体现以学生为教学主体的教学方式。

(一)激发兴趣,创设愉快气氛,提高学生参与积极性

每个人在自己觉得幸福快乐的时候可以学到更多的知识,如果教师可以使学生觉得快乐、美好,学生看到这个教师就像遇到了人生的依靠,他可以相信自己的老师,从而注重这个老师的学科,他就可以学得更好。怎样去做呢?要有渊博的知识,要有很多故事可以讲给学生听,哪怕是教数学的老师,也可以用故事启发自己的学生。这些故事可以来源于

一些讲座，也可以来源于故事书，或者来源于他们身边的很多小事，通过精彩的故事他们更好的理解了学习的趣味性和重要性。另外，还可以通过鼓励，让学生感受到教师对自己的重视、喜爱，从而在自己更努力学习的同时，带动身边的学生也去追求学业的进步。经常去表扬自己的学生可以为他们创设愉快的气氛，提高学生参与积极性。这一点一定要相信。

（二）呈现过程，突出重点、难点，便于学生理解掌握

数学中很多重点都在"过程"，其中概念的形成，以及规律的得出，还有结论的推导都可以利用计算机等科技手段去展现，这些可以在学生头脑中形成一种"动态表象"，他们会更容易形成形象思维，从而被接受，被理解和被应用。

（三）揭示规律，拓展思维的深度，发展学生思维

可以借助于观察、比较、分析等手段，去把握知识的实质，从而正确理解、掌握和应用数学知识。学生只要学会了一件事情的本质，就一定会去应用，作为老师应该相信他们，还要证明他们是聪明的。所有可以由学生自己完成的事情就要让他们自己去做，比如探索规律的事情，但是肯定还需要老师的指导，因为会找规律与出成绩之间存在很大的距离，教师可以想办法引导学生去缩小这中间的差距，从而提高学生的成绩，这是一个教师必须要做的事情。

第十一章 初中数学教学评价

初中数学教学评价是数学教学活动过程中一个必不可少的组成部分，评价的结果无论对教师还是学生、对学校还是家长都会产生很大的影响。因此，认识评价的意义和功能，掌握正确评价教学过程和教学行为的方法，对于每一位数学教师都是十分必要的。就目前来说，数学教育评价理论和实践还不能适应数学教育发展的需要，在很大程度上影响着数学教育改革的进程，还须进行大力的专门研究。

第一节 数学教学评价概述

一、数学教学评价的意义

评价是指对某事物或行为作价值判断的过程。站在教育的角度来看，没有评价就没有教育。人们在日常生活中，经常有意或无意地使用评价。例如，某学生在数学学习中有自己独到的见解，能经常提出一些问题和老师、同学讨论，平常喜欢解数学难题，思维活跃，经常出现些奇思妙想，数学考试成绩在班上总是名列前茅等，据此，人们认为该生很有数学才能，是个好苗子。这样的判断过程就是评价。

由于教育的复杂性，教育评价受到时间、空间、背景的制约。到目前为止，教育评价还没有统一的完整的定义，因而数学教学评价也就无统一定义可言。

从发展的观点看，不妨对数学教学评价作出这样的理解：数学教学评价是在数学教学活动过程中有目的、有计划地通过观察、测定师生在教学活动中的种种变化，广泛而系统地收集信息，对照数学教学目标作出对教学效果、学生的学习质量、学生数学学习个性发展水平、教师的教学质量等的科学的价值判断，从而分析产生这些变化、发展的主客观原因，进而调整、优化教学过程，提出教改建议，改进教学方法的一整套数学教学的实践活动。

根据这一含义，数学教学评价有三个基本组成部分：一是评价的目标。评价必须遵循数学课程标准所规定的教学目标和各章节具体的教学要求，应结合数学教学的具体内容来进行，评价的目标是评价的基准和依据。二是评价的方法（也称为评价的手段）。评价应合理地运用教育测量和统计的各种有效方法，对数学教学中不可缺少的重要的教学环节，最大限度地收集教学信息，评价的方法是评价结论准确性的重要保证。三是评价的结论。

将收集的各种信息进行科学处理，对师生的行为变化进行价值判断，从中获取有益的反馈信息，为调节教学活动过程和科学决策提供依据。

数学教学评价是一项实践性很强的工作，是有强大影响作用的教育活动。在评价活动中必须遵循下列基本原则。

(1) 目的性原则。教学评价要有目的有计划地进行，其目的应有利于引导师生朝着提高数学教学质量的方向努力。

(2) 科学性原则。教学评价的手段、方式方法和评价程序必须合理，有一定理论根据，能经受实践检验。

(3) 教育性原则。教学评价作为数学教育的一个组成部分，应在促进数学教学质量的提高、树立数学教学的正确态度和动机等方面起到良好的作用。

(4) 可行性原则。教学评价的内容和指标体系要明确、具体，应为教师所理解和接受，方法和程序要可以操作。

在《数学课程标准》中，强调建立合理、科学的评价体系，包括评价理念、评价内容、评价形式和评价体制等方面。《教学课程标准》中提出评价的主要目的是为了全面了解学生的数学学习历程，激励学生的学习和改进教师的教学；应建立评价目标多元、评价方法多样的评价体系；对数学学习的评价要关注学生学习的结果，更要关注他们数学学习的过程，要关注学生学习数学的水平，更要关注他们在数学活动中所表现出来的情感态度的变化。评价的手段和形式应多样化，要将过程评价与结果评价相结合，定性与定量相结合，充分关注学生的个性差异与潜能的发展，发挥评价的激励作用，保护学生的自尊心和自信心，教师应善于利用评价所提供的大量信息，适时调整和改善教学过程。

数学教学评价的手段有课内观察、个别谈话、问卷调查、建立成长记录袋、考试测验等多种形式，它们各有自己的特点和长处，评价时应结合评价内容与教学特点加以选择。

数学教学评价直接和最终指向的对象是学生个人。而对学生学习与发展的评价又必然要涉及到对教师的课堂教学评价。因此，数学教学评价应包括对学生数学学习的评价和对教师数学课堂教学的评价。

二、数学教学评价的作用

数学教学评价的重要作用主要体现在以下几个方面。

1. 诊断作用

诊断作用是指评价在发现并确定数学教学的成就与错误，诊断成功与失败的原因，鉴别错误的性质，诊断学生数学学习的基础、能力、知识结构上的缺欠和状态，诊断教学计划措施的可行性程度等方面所具有的作用。

对数学教学的诊断性评价，一般用在两个不同时期，一是数学教学开始之初，一是在数学教学某一阶段结束之后。前者主要是诊断教学计划的可行性及学生是否具备学习下一阶段内容所需的数学基础知识和能力，若不具备则应在教学计划中列入采取的相应补救措施；后者主要是诊断教学计划的实施效果，学生通过这一阶段的学习取得的成绩和发展、存在的问题和不足，为教师总结教学经验和教训提供依据。

2. 反馈作用

反馈作用是指评价在教学过程中，通过反馈信息使教师知道自己的教学效果，学生知道自己的学习成绩，师生都知道教学过程的结果以调节教与学的活动，使教学能够始终有效地进行下去所发挥的作用。数学教学评价的信息反馈的作用有两方面：一是对教师教学工作的调节作用，通过反馈信息可以及时调节教师的教学工作，改进教学方式方法使之有效地提高教学效果；二是对学生以自我控制为目的的调控作用，学生通过反馈信息加深对自己的了解，从而可以调整自己的学习方法，确定适合于自己基础与能力的短期学习目标，并使之逐渐与教师要求的学习目标相统一，完成学习任务。通过师生双方共同努力，积极调控各自的教和学的行为活动，保证教学质量的提高，达到预期教学目标。

3. 鉴别作用

鉴别作用是指评价具有考察、鉴别教学质量和水平的作用。通过对学生数学学习的评价，能对学生在掌握知识和能力发展上的程度加以区分，列出等级或排出名次序号。例如，在毕业会考中对学生区分出"合格""不合格"，在高考中更是严格区分出各类高校招收的学生。通过对教师教学活动的评价，能揭示教学程序所具有的价值与效果，考察和鉴别教师的教学能力和效果，例如，在赛课活动中，对参赛教师区分出一等奖、二等奖、优胜奖获得者。

4. 激励作用

激励作用是指评价具有激发师生教与学的积极性，促进他们积极开展教学活动的作用。通过对学生数学学习的评价，根据教学目标来说明学生达到目标的程度，表彰优秀、鼓励后进学生奋起直追达到学习目标。通过对教师教学活动的评价，能使教师了解自身的长处与不足，认识差距，明确今后努力的方向，促进教师的健康成长。一般地说行为主体受到好的评价（奖赏、肯定的评价）时，教与学的积极性就会提高；受到不好的评价（惩罚、否定的评价）时，教与学的积极性就会低落，自尊心受挫，情绪不安定。因此，要充分发挥数学教学评价的激励作用，必须在评价方法上注意使用肯定评价，充分发现每个学生的长处、潜力，以增强学生的自信心，使他们充满希望地投入学习。

5. 导向作用

导向作用是指评价在引导学生集中学习注意力，鼓舞和督促学生勤奋学习，提高学生学习兴趣、学习情感倾向等方面所具有的作用。评价后的反馈为教学的决策和改进指明了方向，获得肯定的做法，将会在教学中得到强化；被否定的做法，将会得到改变和纠正。

三、数学教学评价的一般过程

数学教学评价是一项复杂的工作，就进行一次教学评价而言，一般包含以下四个环节。

1. 依据教学目标确定评价目的

评价是一个有计划、有目的过程，确定评价的目的是数学教学评价的起点，对于评价起着确定方向和定调的作用。针对学生数学学习的评价常从知识的积累、能力的发展和对待数学的态度三个方面去进行，针对教师数学教学的评价常从数学知识、数学教学实施能力和数学教学研究三个方面去进行。

2. 采用多样化的方法收集资料和数据

数学教学评价应针对数学教学的不同方面，采用多样化的方法来收集不同方面的有关资料和数据。收集评价资料是一项测量性的工作，常用的方法有测验考试法、观察法、谈话法、问卷调查法、个案研究法等。

3. 分析和处理有关数据并划分等级

当我们通过各种方法获得了大量评价资料之后，为了作出评价结论，必须对这些资料加以整理分析，对结果划分级别。整理分析的常用方法有经验归纳法、数据处理的统计分析方法、比较法等。

4. 使用评价结果并对结果作出解释

对数学教学评价不仅包括对评价结果的正确处理，也包括对评价结果的正确利用。正确利用有助于教师对学生的学习状态或课堂教学计划做出合理的解释和评估，从而改进数学教学。

四、数学教学评价的基本方法

依据评价的价值标准进行分类，有绝对评价、相对评价和个体内部差异评价。

（1）绝对评价。绝对评价是在被评价对象群体之外预先确定一个评价标准，这种标准被称为绝对标准或客观标准，评价时把被评价个体和这个客观标准作比较，以确定被评价对象是否达到标准及其与标准的距离。

（2）相对评价。相对评价是在被评价对象群体之内确立一个评价标准，评价时把每个成员与这个标准作比较，从而确定其在这个集体中的相对地位。如高考评价，就是根据所有考生的考试情况设定一个各类高校的录取分数控制线，分数在控制线以上的学生有资格进入相应高等学校学习，分数在控制线以下的学生则没有入学资格了。

（3）个体内部差异评价。个体内部差异评价是把被评价对象中的每个成员自己的某些侧面特征和他自己的另一些侧面特征进行比较，从而判断该成员各侧面因素的差异。如，现在的学习成绩与过去的学习成绩的差异；代数运算能力与几何论证能力的差异等。个体内部差异评价有利于学生正确地认识自我，合理地规划自己的发展方向。

依据评价的功能标准进行分类，有诊断性评价、形成性评价和终结性评价。

（1）诊断性评价。诊断性评价是指在某项数学教学和学习活动之前，为排除学生从事相应数学活动的障碍，保证这些活动计划能有效实施进行的评价，如通常的"摸底测验"就是为摸清学生的学习基础（包括预备性知识和技能等）和学生之间的学习差异，以便于开展后续的教学工作。

（2）形成性评价。形成性评价是在数学教学和学习活动中，确定学生数学学习所达到的程度，及时发现存在的问题，明确教学活动的效果而进行的评价。它的关键在于及时反馈。平常的练习讲评、测验讲评、对学生的听课指导都是形成性评价的手段。形成性评价对教师、学生、教材编写、教法改革都有重大意义。

（3）终结性评价。终结性评价是在一个教学阶段结束时为了解学习结果是否达到数学教学目标的要求而进行的评价，如通常的期中考试、期末考试。

依据评价的对象标准进行分类，有对学生学习活动的评价和对教师教学工作的评价。

（1）对学生学习活动的评价。这是对学生获得知识、经验、技能及个性发展的评价，它侧重于学生自我心理活动方面的评价。如为了解学生的数学学习情感方法而作的调查分析就属于这类评价。

（2）对教师教学工作的评价。这是对教师的数学基础知识、教学技能、教学方式方法、教学效果、课后辅导、教学科研等教学工作的评价。如经常开展的检查教案、听课、评课等都属于这类评价。

数学教学评价方法还可以有许多类型，例如依据评价的性质标准分类有定性评价和定量评价，依据评价的实施者标准分类有自我评价和他人评价等。各种评价方法之间不能简单地判定其优劣，运用时必须根据不同的目的、不同的场合、不同的时机等加以合理选择，适当搭配，综合运用。

第二节　学生数学学习的评价

学生数学学习的评价是数学教学评价中最核心、最基本的活动，在传统的数学教学中，虽然也有教师给学生的评语，但数学学习评价主要是考试成绩，凭成绩决定学生是升级还是留级，凭成绩学校选择与淘汰学生，这种单一的评价方式显然不能适应数学教育形势发展的需要，与义务教育和素质教育的要求相差甚远。新课标中指出，数学学习评价，既要重视学生知识、技能的掌握和能力的提高，又要重视其情感、态度和价值观的转变；既要重视学生学习水平的甄别，又要重视其学习过程中能动性的发挥；既要重视定量的认识,又要重视定性的分析;既要重视教育者对学生的评价,又要重视学生的自评、互评。总之,应将评价贯穿于数学学习的全过程,不忽视评价的甄别与选择功能,更突出评价的激励与发展功能。在新一轮课程改革的大潮中,人们越来越认识到改革评价系统和评价模式的重要性,应逐步实现评价功能的转化,评价指标的多元化,评价方法的多样性,评价主体的多元性,实现评价重心的转移。

一、评价的内容

对学生数学学习的评价,常从知识的积累、能力的发展和对待数学的态度等方面去进行评价。

(一) 评价学生的数学基础知识和基本技能

课程标准指出,学生对基础知识和基本技能的理解和掌握是数学教学的基本要求,也是评价学生学习的基本内容,评价要注重对数学本质的理解和思想方法的把握,避免片面强调机械记忆、模仿以及复杂技巧。

对数学基础知识的评价包括对知识的记忆、理解、应用等方面。其核心是对基础知识的理解。例如,对概念理解的评价,可将学生对概念的理解划分成几个不同层次的水平进行评价。联系水平:学生能将实际问题与概念进行一些简单的联系;方法水平:将概念的应用上升为解决一类问题的方法;策略水平:能在相近概念中进行选择,在不同概念间进行区分,进而形成解决问题的策略;数学水平:理解概念在数学体系中的地位和作用,能在不同数学分支中正确运用概念;探究水平:对学过的概念有着较深的理解,能通过探究获得一些新的结论。另外,学生能否独立举出一定数量的用于说明问题的正例和反例,能否在分类上准确把握概念,能否准确地运用数学语言表述或对其做出直观描述,能否在归纳和类比中理解概念等都可作为评价的内容。

应该注意,数学基础知识包括数学思想方法在内,学生挖掘、理解应用数学思想方法应作为数学学习评价的重要内容,这一点在这几年来的高考中已非常突出地表现出来。

对数学基本技能的评价包括对技能的认识、技能的形成过程、技能的选择以及技能的熟练运用的评价,其核心是技能的选择与熟练运用。例如,对学生解题技能的评价包括:解决数学问题的导向结构的合理性、完整性;使用技能技巧解决问题时的明确性和对其价值的理解;运算与推理的速度和准确性;分析题意,揭示问题的本质,抓住有用的信息等方面的内容。

在评价学生数学基础知识和基本技能时,学生数学语言的形成过程也是评价的内容,包括恰当地运用自然语言和数学语言进行表达与交流,使用数学语言的精确性、简约性、形式化等内容。

无论是对数学基础知识的评价,还是对数学基本技能的评价,很重要的一点是评价学生是否真正理解这些知识或技能操作背后所隐含的数学意义。

(二) 评价学生的数学基本能力

数学教学最重要的任务就是发展学生数学能力，评价对此应有正确导向。而能力是通过知识的掌握和运用水平体现出来的，因此，对于能力的评价应贯穿学生数学知识的建构过程与问题的解决过程。

对于学生数学地提出、分析、解决问题能力的评价，新课程标准提出了如下评价内容。

在日常的数学学习、尤其是数学探索与建模活动中，是否具有问题意识，是否善于发现和提出问题，是否能选择有效的方法和手段收集信息、联系相关知识、提出解决问题的思路，建立恰当的数学模型，进而尝试解决问题；是否在解决问题过程中，既能独立思考，又能与他人很好地交流与合作；是否能对解决问题的方案进行质疑、调整和完善；是否能将解决问题的方案与结果，用书面或口头等形式比较准确地表达并进行交流，根据问题的实际要求进行分析、讨论或应用。

对于数学能力的核心部分——数学思维能力——的评价可重点关注如下方面。

(1) 思维活动的自觉性。学生能否对外来的信息予以充分的考虑，并从本身的经验和错误初中习，根据错误校正自己的活动。

(2) 思维活动的智力品质。包括思维的深刻性：思维活动的抽象程度和逻辑水平；敏捷性：思维活动的反应速度和坚持程度；灵活性：思维活动的灵活程度；独创性：思维活动的创新程度；批判性：思维活动中独立分析和批判的程度。

(3) 思维活动中对帮助的感受性。学生是否在自己碰到不能独立解决的问题时对接受他人的帮助敏感，即通常讲的接受能力。

(三) 评价学生的数学学习过程

新课程标准指出，相对于结果，过程更能反映每个学生的发展变化，体现出学生成长的历程。因此，数学学习的评价既要重视结果，也要重视过程。对学生学习过程的评价，包括学生参与数学活动的兴趣和态度、数学学习的自信、独立思考的习惯、合作交流的意识、数学认知的发展水平等方面。

评价学生的数学学习过程，可重点关注如下方面。

(1) 关注学生的学习动机。学生是否积极主动地参与数学学习活动；是否愿意和能够与同伴交流数学学习体会、与他人合作探究数学问题；是否能约束自己的学习行为，乐于与他人合作交流，与他人一起确立目标并努力去实现目标；是否能尊重并理解他人的思路，理解并接受他人的正确观点，并在与他人的交流中获益。

(2) 关注学生学习数学的思考方法与对数学的理解。学生是否肯于思考、善于思考、坚持思考，并不断地改进思考的方法与过程；是否能通过独立思考获得解决问题的思路；是否能理解并有条理地表达数学内容。

（3）关注学生应用数学知识解决实际问题的能力与创新能力。学生是否能从实际情境中抽象出数学知识；是否能找到有效地解决问题的方法，尝试从不同角度去思考问题；是否能应用数学知识解决问题；是否能创造性地解决问题。

（4）关注学生学习数学的情感态度。学生是否有浓厚的学习数学的兴趣；是否有学好数学的自信心、勤奋、刻苦以及克服困难的毅力等良好的意志品质；是否有主动地参与学习活动、积极认真的学习态度；是否能不断反思自己的数学学习过程，并改进学习方法。

二、评价的方法

现代评价理念强调评价方式的多样化，追求在传统的考试之外拓展出更多的评价方法和工具，通过这些新的评价方法和工具，使学校和教师更多地关注学生多方面的数学发展。

评价学生数学学习的方式有日常检查、纸笔测验和表现性评价几类。纸笔测验就是我们很熟悉的测验法。日常检查是指通过口头提问、板演、作业、课堂练习或检查、课堂观察等形式了解学生掌握和运用知识等方面的学习情况。表现性评价是让学生通过实际任务来表现知识和技能成就的一种评价方式。

关于数学学习评价的具体方法，在此从收集评价资料的角度来进行考察。常用的收集评价资料的传统方法有测验法、观察法、谈话法、问卷调查法、个案研究法。数学新课程改革倡导的新的评价方法有调查与实验、数学日记、档案评估、开放性作业等。

（1）测验法：包括教师自编测验考试和标准化考试及其评卷给分。

（2）观察法：包括自然观察法和控制条件观察法及记录观察信息。

（3）谈话法：包括设计谈话中心问题和谈话气势，事后记录谈话收获。问卷调查法：包括设计问卷题目、答案选择支，统计问卷答案情况。

（4）个案研究法：包括跟踪对象观察、综合对象各方面的资料并进行归纳、研究。

（5）调查与实验法：包括为学生选定调查与实验的课题或背景材料，收集并分析学生的调查实验报告。

（6）数学日记与数学小论文：包括对学生写作数学日记或数学小论文的指导，收集并分析学生的数学日记或小论文。

（7）档案评估法：包括建立档案袋，设计成长记录袋的内容，记录学生的成长过程，分析成长记录袋的作品。

（8）开放性作业法：包括设计开放性作业，收集并分析学生的作业。

第三节 教师教学工作的评价

在数学教学过程中，教师起着主导作用。教师的教学水平直接影响着教学效果，影响着学生的学习质量和身心发展质量。对教师的教学工作进行评价，能获得教学情况的有效信息反馈，逐渐地把握数学教学的规律，改进教学工作，提高教学质量，能促进教师之间进行数学教学交流和教师的自我反思，激励教师提高教学水平、教学能力。能鉴别数学教师的教学水平，使之明确自己努力的方向，极大地调动教师工作的积极性。

教师的教学工作包括：课堂教学前的准备工作，课堂教学工作和课后指导工作，以课堂教学工作为核心和主体，课前准备工作和课后指导工作都能在课堂教学中得到反映。因此，对教师教学工作的评价主要针对数学课堂教学来进行。

一、数学课堂教学评价的指标体系

评价教师的课堂教学质量，关键是要确定评价的标准。由于影响数学课堂教学的因素多，涉及面广，而且对数学认知、情感因素的评价也没有完善的标准和办法，所以到目前为止，国内外还没有一个统一的评价数学课堂教学质量的标准。随着人们长时期的研究和不断探索，已认识到影响课堂教学质量的一些主要因素，并由此而建立了一些教师教学质量评价的指标体系。有人认为，教师教学质量评价指标体系应包括：教学目的切合实际、使学生积极参与教学、重视学生能力的培养、重点突出难点准确、教学方法合理有效、注重概念原理教学、不忽视系统知识传授、语言表达流畅简洁。有人则认为，从教学效果上看，教学活动有记忆水平、理解水平和探索水平三种不同层次，据此可建立评价系统。各种观点有不同的评价标准，侧重点不同，各有各的合理性。

评价数学教师的课堂教学质量，应以课程标准为依据，主要考查教师在教学过程中：是否面向全体学生，进行全面的素质教育；是否进行层次性教学，使上中下学生都得到较好的发展；是否发挥教师的主导作用和学生的主体作用，让学生参与教学过程；是否重视数学基础知识的教学与学生基本技能的形成；是否重视学生数学能力特别是创新意识和获取知识的能力的形成和培养；是否能充分挖掘教材内在的教育因素，有机地发展学生的情感因素水平。这些都是课堂教学改革的重点，应作为课堂教学评价的重要指标。

在确定具体的教学评价标准过程中，必须树立正确的评价观，重结合实际，认真研究课堂教学工作的特点，使所确定的标准确实有利于反映课堂教学的实际，有利于从课堂教学的各个方面搜集信息，获得必要的评价资料。

数学课堂教学评价指标必须反映出下列基本内容。

（一）教学目标

课堂教学质量首先要看教学目标，教学目标不但要写在教案上，而且要充分体现在课堂教学的过程中。评价时可注意教学目标的制订是否确切合理，教学中是否达到等方面。

（二）教学内容

教学内容包括内容的选择和安排。评价时可注意选择的内容及知识的深广度、系统性是否符合课程标准，是否切合教学目标和学生实际，教学内容的安排是否重点突出、突破了难点，是否重视了知识的发生发展过程，渗透了基本的数学思想方法，是否遵循了学生的认知规律和心理发展规律等方面。

（三）教学方法

教学方法包括教学方法的选择和使用。评价时可注意教学方法的选择是否合理，教学是否具有启发性，对学生学习的指导是否恰当等方面。

（四）教学技能

教学技能包括教学艺术和使用教学手段的技能。评价时可注意教学的语言艺术、板书艺术、现代化教学手段的使用等方面。

（五）教学效果

教学效果包括课堂教学目标是否达到，学生在课堂上的接受和参与程度。评价时可关注学生在课堂上是否集中精力投入学习，学生对讲授内容的领会程度，是否圆满完成教学任务等方面。

对于这些内容的进一步的丰富与完善就可以形成一个较为详细的评价指标体系。

二、数学课堂教学评价的方法

课堂教学评价的方法多种多样，根据不同的划分标准可分为不同的类别。根据是否采用数学方法可分为定性评价法和定量评价法；根据评价的范围可分为分析评价法和综合评价法；根据评价的基础可分为相对评价法和绝对评价法；根据评价的主体可分为自我评价法和他人评价法。评价的方法受到评价的目的和内容等因素的制约。在实施教学评价的过程中，应当根据本地或本校教学工作的性质和特点来确定采取何种教学评价的方法或评价方法的组合。无论采用何种评价方法，都应以有利于优化课堂教学，大面积提高教学质量，有利于推进素质教育为前提。

下面介绍几种教学实践中比较常用的基本方法。

（一）评语评价法

评语评价法就是针对课堂教学中的某些方面或内容用简洁的评语来判定教学质量优劣的方法。这种方法一般没有专门的评价指标和评价标准，主要依赖于评价人员的学识与经验，是一种典型的定性评价法。

在日常教学活动中，听课的领导、同行或专家在观摩教师的教学活动后，凭着自己对教学目标、教学原理的理解以及有关经验积累，分析教师教学的优点和缺陷，常用评语法。教师在授课后对自己的教学工作进行分析，总结成功之处，寻找薄弱环节，也常使用评语法。

评语评价法简便易行，能突出主要问题和特点，既可用于他人评价，又可用于自我评价。但因评价标准不够明确，易受主观因素的影响，规范性较差。因此评语评价法主要适用于日常以改进教学工作为直接目的的课堂教学评价，不宜用于规范的以评定等级为主要目的的管理性的教师教学质量评价。

（二）等级评价法

等级评价法是指教学评价者依据教学评价指标体系的要求，把教学质量分成几个等级，然后再把评价对象的教学工作质量归结到某一个等级之中，依此来比较和判断教学质量的高低的方法。在当今的教学评价实践中，等级的划分主要有五级制（优秀、良好、中等、合格、不合格或者好、较好、一般、较差、差）和四级制（A、B、C、D 或者优、良、中、差），也有三级制（优秀、合格、不合格）或其他划分的。

使用等级评价法又可分成几个不同层面。一种是直接对评价对象划分等级，这种方式比较粗糙。一种是先对次级目标划分等级，然后综合得出评价对象的等级，这种方式较为合理最为适用。更细致的做法是对次级目标的各项指标划分等级，再逐步综合得出评价对象的等级。这种方法比较麻烦，若对各次级目标加权并把等级数量化，则可将评价结果进行量化处理。

等级评价法作为一种传统的定性评价方法，简单易行，比较好操作，但评价指标过于笼统空泛时，评价指标难以掌握，受评价者主观因素的影响较大。加上评价结果的等级少，不能有效地区分被评价对象。因此，等级评价法一般用于对教师教学工作的学年评价或达标评价等，不宜用于带有区分性质的教学质量评价。

（三）综合量表评价法

综合量表评价法是指综合运用专门编制的数学课堂教学质量评价表，用数值表示和刻制评价对象的教学工作质量高低的方法，这是比较精细的数量化的评价方法。运用综合量表评价法的基本程序是：编制课堂教学评价量表；评价者在听课的基础上进行评定给分或给等级；汇总所有评价者的评价量表进行数据处理，得出每个被评价教师的总得分或等级。综合量表评价法在实践中的应用有简有繁，这取决于量表本身的精细程度、评价人员的数量以及统计方法的选择。其中应用得最多的是采用加权计分（也叫定项记分）的方法。若不用加权，即让每个评价指标的权重都一样，便是累积计分的方法。

综合量表评价法的评价指标具体，标准一致，注重量化处理，主观因素干扰较少，结果较准确，但量表中指标权重的确定有些困难，很难保证标准的充分合理。在施测评分过程中，评价人员对标准的理解会受个人经验的影响。在数学教学实践中，这种方法应用得非常广泛，是为广大教师认可的评价数学教学质量的有效方法。

（四）调查评价法

调查的常用方式有两种：问卷调查与座谈调查。问卷调查的一般程序是：设计调查问卷，向有关人员（如所教学生、同校教师）发放问卷进行调查，统计和整理问卷中的相关数据或定性分析材料，作出定量或定性评价。座谈调查的一般程序是：设计座谈问题，召集相关人员（学生或教师）开座谈会，整理座谈会记录，作出定性评价。

调查评价法能了解教师在一个较长时间范围内的教学情况，并能对某些重要指标作深入分析。因此，调查法适用于对教师的综合教学水平的管理性评价，适用于了解学生对教师的教学意见，以帮助教师改进教学工作。

值得注意的是，教师的课堂教学工作是一种具有创造性、迟效性、交叉性等特点的复杂劳动，在对课堂教学质量进行评价时，采用任何一种孤立的方法都难免失之偏颇，通常需要将多种评价方法结合使用，才能作出较为公正的评价结论。

第十二章 信息技术与数学学科的整合

在这个信息的时代，在这个要求标准量化的时代，在这个任何时候都离不开资源整理分析的时代，人们离不开计算机，更离不开科学的基础——数学。从计算机和数学的关系中可以看出计算机和数学的关系，而计算机在数学中的应用更进一步地体现了数学和计算机密不可分的关系。

第一节 信息技术与学科整合研究概论

一、计算机与数学的关系

数学可以看作科学的基础，而计算机则可以看作科学进步的代表。那么，计算机与数学的关系就是值得我们去探讨的问题。有人说，数学创造了计算机。从最早期的只有加减法运算的机械式计算机到现代的高速运行的电子计算机，数学家既是其设计者又是其制造者和使用者，对其发展和腾飞起着关键作用。也有人说，计算机促进了数学的发展。计算机丰富了数学研究的内容，推动了现代数学的发展，是数学技术的基础，更是具体化的数学。

（一）数学

数学是什么，一直是人们很关注的问题。在人类文明进程中，数学最开始的作用是用于计算，如计算数量、长度、面积、交换时的等价关系等。

（二）计算机

计算机（computer）俗称"电脑"，是一种用于高速计算的电子计算机器，可以进行数值计算，也可以进行逻辑计算，还具有存储记忆功能，是能够按照程序运行，自动、高速处理海量数据的现代化智能电子设备。

（三）计算机在数学中的应用

随着计算机技术的发展，计算机在数学中的应用越来越广泛，主要体现在以下几个方面。

1. 计算

计算机的最初研制正是为了满足科学计算的需要。科学计算所解决的大都是一些复杂的数学问题，计算量大且精度要求高，只有运算速度快和存储量大的计算机系统才能完成。

2. 证明

数学中最著名的应用计算机进行证明的例子是四色猜想的计算机证明。1852年，四色猜想的出现引起了数学界人士的普遍重视及数学爱好者的兴趣。从那以后，不断有人宣布自己证明了四色猜想，但是所有的证明结果都经不起人们的检查、验证，总是存在着一些缺陷。直到1976年，美国数学家阿佩尔与哈肯借助计算机完成了证明，经历了100多年的四色猜想得以解决。面对四色猜想的计算机证明，有人带着些惊喜，有人带着些遗憾，也有人带着些怀疑，毕竟它不是数学家们所希望的那种传统演绎证明定理的方式。

3. 数学实验

通常人们认为数学是演绎科学，但是计算机放大了数学的实验性，所以计算机技术也慢慢地改变着数学的研究路径，改变着人们对数学的认识。在传统的数学教学中，人为地强化了逻辑的作用，从而削弱甚至抛弃了观察、归纳、直觉对学习数学的作用，以致有不少学生产生了"数学就是逻辑"这样的错误观念。事实上，当人们看到定理的证明时，只看到了故事的一半。而另一半，包括定理是如何提出来的、人们又是如何找到定理的证明方法的等，可能比看到的那一半更为重要。数学实验可以比较好地解决传统数学教育中遇到的这些问题。

4. 数学课堂多媒体

计算机多媒体技术改变着人们的生活方式，同时也改变着教学方式。计算机多媒体辅助数学教学可以把很多抽象的问题图文并茂地展现出来；可以模拟一些环境创设情境式教学；可以动态、生动地展示教学内容；可以展示知识内容形象的形成过程；对学生有较强的感染力，能够激发学生的学习兴趣。可以说，计算机多媒体技术正在改变着数学课堂教学的模式。

随着计算机技术的发展、创新，人们对计算机与数学的关系会有不同的认识。但是，有一点不能否认，计算机是从数学开始的，计算机离不开数学，计算机对数学的影响也会越来越大。社会在发展，人类在进步，数学是计算机发展的基础，计算机促进着数学的更新，二者相互促进、共同发展。

二、信息技术网络对教学的影响

信息技术网络的出现，提供了一种全新的教育手段，使真正意义上的没有"围墙"的学校成为现实。当然，有"围墙"的学校并没有因此而消亡，传统的学校集体教育的形式仍然是必需的，而且是无可替代的。但教育手段的革命，必然会对传统的学校课堂教学，对传统的教育产生强而有力的影响,这种影响将不断地扩大和增强。

(一) 信息技术网络对教师的影响

1. 推陈出新,突破传统规范

(1) 丰富的网络资源,为教师备课、突破教辅书的范围,进入更加广阔的网络世界提供了更多、更充分的资料准备,以及强有力的保障。"上网搜索资料"已经成为教师备课的一个必要环节,离开了这个环节,教师的备课将是不充分的,因为学生借助网络预习和学习的情况将越来越普遍。

(2) 信息技术网络对教师的课堂即时教学活动产生了很大的影响。课堂上,即时利用网上资源辅助教学已经越来越普遍。这种对网上资源的即时利用,能够使课堂教学真正"活"起来,教学对话将不再局限于师生之间,教学内容将更加丰富、更具选择性。如果利用得当,这种教学形式更易激活学生的学习兴趣,从而使学习效率更高。

(3) 对教师教学反馈活动,对教学内容、课堂教学用时、教学用语都产生较大的影响。信息技术网络,为教学信息反馈增加了一个全新的通道,这种反馈增加了师生个别对话的机会;上网备课、预习以及课堂教学中即时上网,都会丰富教学内容。

(二) 信息技术网络对学生的影响

1. 学生学习信息的方式更加多样化和快速化

在传统教育模式下,信息的传递方式比较单一和迟缓,无法满足学生渴求知识的愿望。而计算机网络引入课堂后,学生的学习过程具有了十分鲜明的"交互式"特点,学生的学习积极性大大提高。

2. 学生学习的"多向互动性"更加明显

网络信息技术引入教学后,由于网络环境的支持,使课堂不仅仅局限在一个教室里,甚至不局限在一个城市,一个国家内,只要有网络的地方,都可以成为学习的场所。互助性学习可以在学生与学生、学生与教师、学生与在线专家、学生与课件、学生与资源库等之间展开。这里的协作是多向互动的,是自发的,也是高效的。

3. 网络化的生存空间对学生的学习、生活带来更多影响

网络信息化能帮助学生掌握一些在传统课堂上很难学到的技能和方法,增强学生的生存能力,扩大他们的发展空间。未来的全球化世界,网络将决定人们的生存和命运,即一个人生存发展空间的大小、道路的宽窄将完全取决于能否灵活自如地应对"网络世界"。尽管信息技术网络是一个"虚拟的世界",但它为将来的生存和发展创造了有利的条件,能够使学生更好地适应未来社会发展的要求;另外,也能够帮助学生广交朋友,增进友谊。

(三) 信息技术网络对学校教育管理的影响

信息技术网络改变了原来烦琐的管理方式,具体表现在以下几方面。

(1) 学校建立的电子备课系统,有效地提高了教师备课效率。

(2) 开发和应用管理学生成绩和学分、学科质量测试试卷、教师考核评价、学生素质评价、学生操行评价等的数字化管理系统。

(3) 开发和应用管理教师档案、学生档案、学生教师成长记录、图书、报刊、财会、校产、餐饮、上级文件、国家法律、政府条例、学校文件、制度,以及进行教学的分班、考场编排、课表编制等的学校工作管理系统。信息技术网络使学校真正实现了信息数字化管理,推动了教育管理的现代化。

总之,信息技术网络对教育的影响是巨大的,是划时代的,是历史的必然选择。当然,网络媒介是一把双刃剑,在对中学教育产生积极影响的同时也会带来负面影响。但无论如何,信息技术网络对于教育的影响利大于弊,只要扬长避短科学有效地加以利用,充分发挥其积极作用,就能使信息技术网络成为现代教育飞速发展的翅膀。

三、信息技术对数学教学的价值

计算机在教育领域的应用,产生了新的教育技术,带来了教育思想、教学方法乃至教育体制的深刻变革。在教育现代化的进程中,作为基础教育的重要学科,初中数学面临着如何更新教育思想和教学方法的问题,特别是在基础教育课程改革的今天,更加强调对学生创造性思维和应用能力的培养,对数学教学方法的改革也就提出了更高的要求。把计算机应用于数学教学已成为共识。现在各种初中数学的多媒体教学课件很多,但要结合自己的教学实际找到最适合提高教学质量的途径,还是需要每位教师结合自己的教学思想、教学手段,以及学生特点等多方面因素综合考虑,才能取得最佳效果。

(一)信息技术成为教学教学的重要工具

信息技术在数学教学中具有以下八个优点。

1. 激发学生的兴趣

信息技术的应用,改变了传统的教学方法和组织形式,使得以传授为主的传统教学发展为班级教学、小组讨论、个别指导和网络并举的教学。传统教学往往使学生感触不深,易产生疲劳感甚至厌烦情绪,突出重点、突破难点的有效方法就是变革教学手段;而运用信息技术可以实现教学的形象具体、动静结合、声色兼备。因此,恰当地加以运用可以变抽象为具体,调动学生各种感官协同作用,解决教师难以讲清、学生难以听懂的问题,从而有效地实现精讲,突出重点,突破难点,取得传统教学无法比拟的教学效果。教学中,通过信息技术可使学生发现新知,满足求知欲,使学生带着高涨的、激动的情绪进行学习和思考,使教学成为充满活力和激情的活动。

2. 把抽象的东西转化为直观

初中数学中有许多较为抽象的概念,如图形的平移、旋转等,学生理解起来往往较为困难。教师在设计图形平移、旋转概念教学的过程中,可以用 Flash 动画的形式将图形平移、旋转的过程展现出来,以便让学生直观理解图形平移、旋转的性质及概念。又如,学生学习立体图形的三视图时,教师可以利用计算机展现一个转动的立体图形,设置每一面的颜色都各不相同,这样就可以消除学生把画在黑板上的立体图形误以为是平面图形的困扰,而且可以使学生更直观地学会观察一个立体图形的三视图。

3. 帮助学生更好地掌握基础知识和基本技能

初中数学的基础知识和基本技能在学生学习数学的过程中占有十分重要的地位。在传统的数学教学过程中,教师为了教给学生一个完整的解答过程要花几分钟的时间进行板书,而用信息技术后就可以用幻灯片直接展示出来。这样,就可以空出些时间让学生多做练习,熟能生巧,从而掌握基础知识和基本技能。

4. 表现数学的广泛应用

初中数学有许多能应用于实际的内容。在以往的教学过程中,由于受到表现形式的限制,没有时间和条件把应用场合的全部细节很好地表现出来,这在学生将实际问题转化为数学问题的过程中形成了一定的障碍。把信息技术应用于数学教学后,教师可以在很短的时间内,将预先选择好的应用场景用图片或动画的形式详尽地展现在学生面前并加以引导,帮助学生抓住问题的本质。同时,教师还可以通过计算机网络获取大量的初中数学应用事例,开阔学生的视野,学生也能从中体会到数学在实际应用中的重要性。

5. 体现数学逻辑的严密性

数学推理的逻辑严密性可以通过信息技术很好地体现。教师可以通过 PowerPoint 将每一步推理过程预设动作,通过教师与计算机的互动,一步一步地将推理过程在幻灯片中演示出来。这不仅能很好地体现推理的全过程,而且给教师对每一步推理过程的讲解留出了时间和空间,对培养学生严密逻辑思维的思想品质有着十分重要的意义。这与传统的用粉笔和黑板进行数学逻辑推理的教学相比也是一个质的飞跃。

6. 有利于发展学生的思维能力和空间观念

由于信息技术具有极其丰富的表现形式,正确地应用信息技术进行数学教学,可以更有效地提高学生的思维能力和培养学生的空间观念。我们可以把数学思维的过程用信息技术的各种形式(如图片、动画、声音、表格等)表现出来,使学生以这些形式为媒介,去体会、理解和掌握数学的思维方法,发展思维能力。在几何体的教学过程中,通过图片或动画将几何体表现出来,有利于学生形象、直观地认识几何体的实质,形成正确的空间观念。

7. 更好地创设情境

人们感知事物是通过感官进行的。信息技术能创设生动的教学情境,实现友好的人机对话，因而通过信息技术模拟某些现象的发生或再现某些事物时，可以超越时空，重现事物的发生或再生过程，而且由于提供了丰富的感性材料，能够使人的认知过程更接近自然。课堂教学中，通过网络传输，不仅能使每一位学生都共享教师、多媒体信息，而且能提高学生对科学概念的把握和认知能力，让学生动手操作、动眼观察，在操作和观察中去认识事物。

8. 更好地促进学生的全面发展

素质教育要求学生全面发展。数学和其他学科有着十分紧密的联系，将信息技术应用于数学教学过程的本身就已经把信息技术课的内容紧密地融为一体了。通过信息技术的应用，学生可以自然地将信息技术课的知识和技能应用于数学学习中。通过课件的画面、声音，学生还可以受到美术、音乐方面的熏陶，因此，以信息技术为媒介可以很好地建立数学与其他学科的联系。

（二）信息技术的发展，促进教师以先进的教育理论为指导研究教学

现代教师要改变一本教案、一支粉笔、一块黑板、一张嘴就能完成教学任务的观念，但也不是只靠敲击键盘、点击鼠标进行教学。在信息爆炸的今天，教师要树立终身学习的观念。采用信息技术辅助教学，从表面上看，教师的讲课时间少了，绝对权威地位减弱了，而实际上对教师提出了更高的要求。教师应由单纯的知识传授者转变为学生"信息内化"过程的指导者和促进者。信息技术辅助教学能给数学课堂带来生机和活力，但计算机不是决定性因素，起决定作用的依然是教师，是信息时代数学教师的教育观念。

现代化教学提倡信息技术辅助教学，但并不排斥传统教学手段，而是将二者有机结合，优势互补，获得最大的教学效果。并不是所有的教学内容都适合采用信息技术辅助教学，有时通过教师的语言、板演、手势及通过观察学生的表情、提问等反馈手段，教师灵活掌握教学策略，因势利导，反而会获得更好的效果。任何一种现代化的教学手段，只是教师开展数学活动的工具，它必须依靠教师科学的设计、精心的组织，才能发挥它的效能。计算机所具有的强大的计算和信息处理功能、直观动态的演示效果，是传统手段无法匹敌的，所以二者优势互补。在信息技术高速发展的今天，我们要使学生成为有信息素养的人，因此应提倡信息技术辅助教学，用它来解决传统教学手段所不能解决或难以解决的问题。

（三）信息技术辅助初中教学教学不仅是艺术，更是科学

计算机辅助教学，"辅助"的地位不能变。无论电脑有多么强的交互性，"人机对话"决不能代替"人际对话"。教学过程是十分复杂的、细腻的过程，忽视教师与学生之间的情感交流在教学中所起的作用必将把"电脑辅助教学"引向反面。教学中要始终坚持学生是学习的主体，但又不忽视教师的主导作用。

计算机教学对教师的要求更高了，它不仅要求教师能熟练地进行操作，把大量网上资料和资源提供给学生，而且需要更高的数学专业修养和系统知识水平。教师既是指导者，又是学习者、研究者；不但要懂得教法及教育心理学理论，更需要不断学习新知识、新问题。教师的责任是教会学生学习，培养学生学习能力和创造能力。应用多媒体要求教师不仅要授之以"鱼"，更重要的是授之以"渔"。多媒体只是一个中介，切不可以电脑为中心组织教学，它只是辅助教学的工具。多媒体引入课堂后，能取代教师的部分功能，但取代不了教师的地位。教学中，不要热衷于搞"多媒体"的花架子；否则，将违背课堂教学规律，忽视学生的反应和认知规律，形成"学生瞪着眼睛看、教师围着电脑转"的现象，多媒体辅助教学也就无法发挥应有的作用。

计算机尽管是当今高科技产品，但它毕竟是机器不是人，不能代替人类进行所有工作，如不能代替人类对话、思维。多媒体数学教学不能代替教师所有的数学教学，只有将其与传统的数学教学相结合，才能充分发挥数学教学的优势，真正提高数学教学质量。目前，多媒体只是教学的工具，还不是学生学习的武器，使计算机成为学生手中的利器，成为学生自主学习和探求解决问题的工具，才是教学的目的。数学教学中，若学生被动学习，那么多媒体是毫无意义的。所以，教师只有体现学生的主体性，让学生作为学习的主体，主动参与，积极探索，充分运用多媒体作为数学的辅助工具，才能真正改善我们的课堂教学，提高效率。

学生的有意注意持续时间短，学习时间一长，就容易感到疲倦，记忆力分散，导致学习效率下降。这时，应适当运用合适的多媒体方式来刺激学生，吸引学生，创设新的兴奋点，激发学生思维动力，以使学生保持最佳学习状态。事实上，虽然计算机已经走入了中学数学课堂，但并没有与数学教学有机结合，计算机辅助数学教学的优势并没有充分发挥出来。无论是教师，还是学生，信息素养都有待进一步提高，课件制作的水平也有待提高，以"教"为主的教学设计较多，而以"学"为主的教学设计较少。计算机辅助数学教学，应增强启发性、交互性、针对性以及反馈的多样性。

总之，运用信息技术，可以让数学走进生活，发展学生能力，做到数学知识生活化、生活知识数学化。适当适量运用多媒体，可起到"动一子全盘皆活"的作用，发挥其最大功效；能够培养学生的非智力因素，有效地培养更多的跨世纪创造性人才。

第二节 多媒体辅助教学

计算机多媒体技术和网络技术应用于教育领域，对教育改革带来了极大的冲击，给强调以学生为中心的学习理论带来了勃勃生机。情境、协作、会话、意义建构是学习环境中的四大要素）。在教学设计时强调对学习环境的设计，强调利用多种信息资源来支持"学"，其教育的宗旨便是在教学中充分体现学生个性的光彩，使学生真正成为学习的主人。信息技术介入课堂教学，能够有效地改进现有的课堂教学资源和模式。通过发挥计算机网络资源丰富、交互便捷的特点，发掘学生最大的学习潜能，最大限度地提高教育质量。因此，信息技术对课堂教学的影响逐渐引起我们的关注。

一、信息技术在教学中产生影响的主要方面

（一）对学生学习的影响——拓展学生学习方式

信息技术不仅是丰富的资源，而且是有力的学习工具，变革着人们的生活和工作方式，更变革着学生的学习方式。例如，多媒体课件的演示使语言难以表达的图形变换以动态形式清晰地表现在学生面前；生动的视频录像把现实生活和数学知识紧密地联系起来；简单易学的多媒体平台让学生亲身体验创作所带来的乐趣，等等。

信息技术不受时间和地域限制，拓展了学生的学习方式，计算机多媒体、网络成为学生学习的媒介，学生可根据自己的学习需要，选择自己的学习软件，选取有关内容加以学习，有的软件还配有游戏式的练习。不管哪一层次的学生，只要练习过了关，都会给予"你真棒""别灰心，再来一次"等相应鼓励性的配音。在网络媒介中，信息是共享的。互联网是一个强大的信息资源库，学生可以上网快速地获取丰富的信息资料，有目的地处理信息，有利于培养学生的探索、创新意识；有利于学生开展主动的、探索型的学习活动。

（二）对教师教学的影响——更新教师教学方式

教学模式是在一定的教育思想和理论指导下，为完成特定的教学目的和内容而建立起来的教学结构和活动程序。教学模式体现了教师的教学方式，把信息技术应用于各学科教学中进行教学再设计，必将更新教师的教学方式。充分发挥信息技术优势，提高课堂教学效率和质量已成为当务之急。首先，教师应深入完善以教师使用信息技术为主的演示型教学模式，可以在现有教学模式的基础上使用多媒体计算机进行演示，为全体学生的充分感知创设情境；也可以重新组织教学情境，突出事物的本质特征，促进学生形成稳定清晰的表象，为学生学习概念规律创造条件，促进学生对重点、难点知识的理解。演示型教学模式容易适应课堂教学中的最常见的新授课、复习课和习题课，适合硬件配备不足的学校和计算机操作技能一般的教师选用。其次，教师要积极探索和发展以学生使用信息技术为主的自主学习型教学模式，如在多媒体网络教室以学生自主学习为主，顾及学生的个别差异，让学生通过网络进行有效学习。

（三）对师生学习方式的影响——活跃师生互动方式

新课程的基本理念强调教学活动是师生积极参与、交往互动、共同发展的过程。为了

促进学生的学习和发展,我们倡导新型的师生关系,在自主、合作、探索、创新的学习过程中,充分体现教师既是教育者又是研究者、指导者、促进者的多重身份。要积极运用各种信息技术活跃师生关系,如通过信息技术的交互性特点,实现师生之间的双向交流,以电子邮件形式提交作业、批改作业,采用网上答题释疑形式进行课后辅导等。通过信息技术的共享性特点,在网上开辟"试题下载""教案共享""在线讨论"等栏目板块,实现教师与学生、学生与学生、教师与教师之间的交流互动,共享学习成果。

(四) 在课堂教学中的影响——优化课堂教学模式

在现代教育思想的指导下,教师在课堂教学中,根据教学目标、教师因素、学生特性、课堂教学管理等方面的因素,运用教学媒体实施课堂教学的成就和结果,可以发现影响课堂教学的主要因素有以下四点。

1. 教学目标

教学目标是教学活动的出发点,是教学过程的指导,同时也是教学效果的依据。教学目标具有较强的针对性,它为教学过程中教师、学生和媒体的相互作用规定了明确的要求。因此,课堂教学中选择什么教学媒体和使用什么教学策略,都必须围绕教学目标来确定。

由于各门学科的性质不同,其教学目标和教学内容也不相同;即使是同一学科,每一堂课的教学目标和教学内容也各有差异。教师围绕教学目标选择现代教学媒体时,应注意到所选的媒体是否适合表现相应的学科和教学内容。

2. 教师方面

首先,教师应具备现代教育信息技术观念,将应用现代教育信息技术放到实施素质教育的大背景中去思考,使教师认识到应用现代教育信息技术不仅是教学手段的变革,而且涉及教育思想、教育观念、教学模式、教学策略、教学方法等方面的变革。因此,教师必须具备先进的教育观念,使应用现代教育信息技术沿着正确的方向发展。不然,即使教育设备再现代化,教育信息技术再先进,仍然会使教学穿新鞋走老路,适得其反。

其次,教师要实现运用现代教学信息技术使课堂教学达到最佳效果,必须充分了解各种现代教学信息技术的特性,同时还应具备熟练操作各种教学信息技术的能力。在课堂教学中,教师对自己选择和确定的信息技术必须熟悉其内容、特性和技术操作要领,才能保证课堂教学时正常演示。如果教师不能正确使用现代教学信息技术,往往会因操作不当等原因影响教学过程,对课堂教学形成干扰,降低教学效果。因此,教师的信息技术操控能力也是影响现代教学信息技术在课堂应用效果的直接因素。

3. 学生特点

在现代课堂教学中,学生是学习的主体,因此,教师在运用现代教学信息技术进行课堂教学的过程中必须重视学生的主体地位。学生特性包括学生生理特性和认识结构特性、学习风格等。因此，为了保证课堂教学的高效，不能忽视学生特征，应以学生主体为本，使教学信息技术的效果最终服务于学生认知能力的发展。可用电脑创设"情境"，改善认知环境。这为激发学生的学习兴趣，培养他们的观察力、想象力、归纳能力等创设了极好的"情境"，增强了教学的自主性、学生的参与性。

4. 课堂教学管理

课堂教学管理指课堂教学过程中现代教学信息技术组合、呈现的时机、与学生时时反馈互动等课堂动态发生的一切教学事件。课堂教学管理是课堂应用现代教学信息技术有效性的最直接因素。科学合理的信息技术组合是课堂高效的充分条件，掌握信息技术呈现的时机是高效的辅助条件，课堂上与学生主体实施互动反馈是课堂高效追求的目的。只有学生积极主动参与教学，才能更好地完成教学任务，因此现代教学信息技术的成效可以说在课堂上得到充分的体现与实施。

二、有效利用信息技术的教学策略

在新课程改革下，课堂教学的有效性被赋予了新的内涵，即在师生双方共同的教学活动中，通过运用适当的教学策略，使学生的基础性学习能力、发展性学习能力和创造性学习能力得到更好的发展，学生整个生命体得到长足的进步和成长。

（一）目标性策略

目标性策略是指根据课堂教学目标和教学内容选择现代教学信息技术。比如一堂数学课，如果教学目标是着重培养学生的空间想象或运动想象能力，就应考虑选用动画媒体；如果教学目标是通过例题剖析和错题解析来提高观察能力，那就应选择投影或幻灯。不管选用哪种教学信息技术，都是为了达到课堂教学目标，决不能想用哪种媒体就用哪种媒体。

（二）组合性策略

组合性策略是指根据教学目标和教学内容运用多种信息技术手段呈现课堂教学。多种信息技术组合教学的研究与实践表明，围绕教学目标选择教学信息技术时，必须根据不同信息技术的功能特性，充分发挥各种教学信息技术的特长，选择使用最能表现相应教学内容的信息技术种类，同时还要对多种信息技术进行优化组合。

1. 是否能调动多种感官的配合

是否能调动多种感官的配合是依据信息技术的功能和属性去组合信息技术的重要原则。教育心理学研究表明，在人类的5种感官学习中，视觉、听觉的学习最重要（分别占83%、11%），而视、听觉组合对知识的记忆率远远高于视、听觉分别记忆率之和，可见调动多种感官学习意义很大。

对人脑功能的研究还表明,单一持续的刺激,会诱导抑制效应,大脑会迅速出现疲劳现象;而多种感官的交替刺激(如讲解 20 分钟,看录像 5 分钟,再演示实验等),可充分调动大脑的功能,使之处于兴奋激活状态,提高学习效率。

因此,多种信息技术的组合应用,应根据多感官的配合原则来设计,使之协调统一、交替轮换、相互补充,如视觉媒体与听觉媒体的组合、视听媒体与实物媒体的组合、传统媒体与交互计算机媒体的组合等。但并不是说信息技术用得越多越好,还要考虑教师的操控能力、学生注意接受能力,因此在考虑多感官媒体组合时还要注意信息技术运用的适度性。

2. 是否传输大信息量

现代教学信息技术的组合必须有利于增加教学信息量,这是现代教学信息技术内容组合的基本原则。如果所组合的两个信息技术的教学信息是等值的,就不应将之组合在一起使用。一般来说,把在信息表达特性方面互补的信息技术组合在一起应用,可提高教学信息量。

3. 是否体现适度性

教学过程应适当多采用一些教学信息技术,因为多种信息技术传递的教学信息量,一般会比只用一种信息技术传递的教学信息量要大。但这并不是说信息技术用得越多越好,因为课堂信息大了,还要考虑学生能不能接受,如果不能接受,再多的信息有什么用呢?因此在实施课题实验时,应采用适度性策略,不该放动画时一定不放动画,不该放录像时坚决不放录像。

4. 是否具有易实现性

一般来说,信息技术组合不宜过于复杂,而以简洁实用、少而精、省时省力、易于操控为佳。要讲究教育经济学原理,以较小的代价取得较大的效果。如优质的幻灯片或采用印染法制作的彩色投影片,在很大程度上能代替动态结构教学中的录像材料,且便于在课堂教学中使用。

(三)借助常用的信息技术工具(软件)

常用的信息技术载体有以下几种。

1. PowerPoint

PowerPoint 是一种基本但用途广泛且简单实用的工具,被称作"现代化"的小黑板。利用 PowerPoint 展示课程内容,可以做到全面、有序、系统;回答与讲解、解答与矫正并存,展示问题多样化;实现问题和概念的重复播放,为学生提供重复学习、观察的条件;对相近的问题进行对比分析与理解;对问题可以由浅入深,逐步解答,加深学生的理解。

2. Flash

将数学教学中的抽象问题通过动画形式展示,可将复杂的问题直观化、明确化,帮助学生快速解决问题,同时给学生以新奇的感觉,提高其学习热情。例如,方程在数学学科中占有很大的比重,这一部分内容是初中阶段学习的重点,也是一个难点。特别是方程的应用部分对学习能力中等偏下的学生来说,困难较大,他们普遍对应用题有一定的畏惧感,对它的学习多少有一定的厌烦情绪,由此感到数学的内涵无法想象、感应与体现。应用题部分既抽象又具体,是实际生活问题与数学思想的结合体。在学习这部分内容时,题目叙述的问题难以搬入课堂,只凭学生的想象理解问题有一定的难度。利用信息技术可把文字转化成动画、虚拟现实,把生活中的现象进行真实再现,将教学内容动态化、形象化,让学生身临其境,在头脑中唤起具体事物的表象,由此唤起学习的欲望,提高注意力,自觉主动地参与到学习中。

(四)把握信息技术呈现的时机

现代教学信息技术的使用时机主要是根据教学内容的需要和学生的心理状态来确定。使用时机把握得当,就能调动学生的兴趣,集中学生的注意力,增强课堂教学的效果。教学信息技术呈现时机有以下几种。

1. 讲前出示

讲前出示主要是让学生通过感知,了解思路,形成整体印象,或是为了设疑引趣,创设情境,引发学习动机。学生的求知欲望是对新异事物进行积极探究的一种心理倾向,是学生主动观察现象、思考问题的强大内动力。在数学教学中,运用多媒体课件,可以为学生创设丰富多彩的教学情境,增设疑问,巧设悬念,激发学生的求知欲望。

2. 难时出示

难时出示主要是利用多媒体形象、直观、生动或者易于表现运动过程的特点,来帮助学生释疑解难。抽象性是数学的特点之一,在课堂教学过程中往往会遇到一些事实、现象,学生不能亲自试验、感知,教师难以用语言表达清楚,不能很好地把知识传授给学生,达不到预期的教学效果。若能利用多媒体课件较强的表现时间、空间、运动和静止状态的技术特征,将难以观察到的事实、现象、知识发生的过程展现到学生面前,帮助学生通过感知学习、掌握和运用知识,将有利于突破教学难点,启迪学生思维,节省教学时间,提高课堂教学效率。

3. 讲后再示

讲后再示主要是利用多媒体进行概括总结,帮助学生加深印象,提高认识,巩固记忆。

（五）学生反馈互动的策略

反馈是课堂教学结构不可缺少的部分，是检测学习效果、了解学习动态的重要途径，也是体现以学生为中心、发挥学生主体作用的重要方法。提高现代教育技术应用教学效果，必须通过多种途径和多种形式建立最佳反馈渠道，既要让学生及时、准确地获取反馈信息，以便将更多的知识内化为自身素质，又要使教师及时了解学生的学习态度、智力因素及非智力因素发展程度，以便调整自己的教学方式和策略。多媒体课件作为纽带把师生在课堂上的教与学形象生动、及时快捷地联系在一起，把师生之间的及时交流很好地反映出来。因此，信息技术的运用对师生的互动产生了积极的影响。

三、使用信息技术需要注意的问题

课堂教学中现代教学信息技术的应用，使教师对课堂教学管理增加了一个难度。运用现代教学信息技术进行教学是一个由教师、学生、教学内容和现代教学信息技术组成的教学管理系统，比传统意义上的教学系统要复杂，因此在研究信息技术对教学的影响时应多角度、全方位地思考，它对于教学各方面的影响是相互联系、相互促进的。我们提倡使用信息技术辅助教学，但不能滥用，在数学课堂中使用信息技术应注意以下三个方面的问题。

（1）影响教学的效果的因素是多元的，教师、学生、信息技术特性、课堂管理都会影响教学的效果。教学是一个动态的过程，随机出现的教学事件很多，因此在课堂实施教学中，应注意调整各影响因素的关系，而不应只关注技术的应用。

（2）对信息技术目标型策略的运用有一定的适用范围，不能一味模仿别人。在了解这些教学目的、具体教学内容的同时，注意所选择的信息技术适用于哪个年龄层的学生，教师还要根据自身特点，设计选择出适合自己个性特点的有效策略，尽可能发挥自身的优势，弥补自己的不足，这样才能取得好的教学效果。比如，对于用 flash 设计制作的多媒体课件，不了解 Flash 的教师将其运用于课堂教学就不一定产生良好的效果。这样，虽然符合适应型策略，却违反了易操作性策略。

（3）研究信息技术对教学的影响不能局限于个别信息技术的影响，要综合考虑信息技术对整体教学效果的影响。创设一个批判和支持的环境，通过课堂时时记录的方式，对课堂实施跟踪监控、课后与学生对话、反思学生的课堂需求等。通过这些记录，及时做出信息技术对教学影响的结论，从而使最优化教学过程的思想成为具有可操作性的现实，使信息技术真正成为辅助教学不可替代的工具。

第三节　几何画板辅助数学教学

现代信息技术已经渗透到人们学习、工作和生活的各个方面，它也正以一种崭新的教学方法和学习方法为教育教学改革注入新的活力。熟练应用信息技术辅助学科教学，已成为广大教师的强烈愿望。在数学教学过程中，几何画板已逐步成为数学教师不可或缺的一种教学工具，它以简明、易学和动态性的特点成为广大数学教师的首选软件。应用几何画板可以把教师的"教"与学生的"学"有机结合起来，让学生在课堂上充分活动起来，使学生真正成为学习的主人。

一、几何画板的主要功能及特点

（一）几何画板的主要功能

几何画板被誉为"21世纪的动态几何"，主要有以下功能。

（1）几何画板是一个适用于数学、物理教学的，使用户可以随心所欲地编写自己需要的教学课件。软件有多种功能来帮助用户实现其教学思想，用户只需要熟悉软件简单的使用技巧即可自行设计和编写应用范例。范例所体现的并不是编者应用计算机软件技术的水平，而是教学思想和教学水平。

（2）几何画板所做出的图形是动态的，而且可以在图形变动时保持设定的几何关系不变。例如，设定某线段的中点后，当该线段的长短、斜率变化时，虽然该点的位置在变，但它却依然是该线段的中点；设定为平行的直线在动态中永远保持平行。由于能"在运动中保持给定的几何关系"，就可以运用几何画板在"变化的图形中，发现恒定不变的几何规律"，这给教师开展数学实验、进行探索式学习提供了很好的工具。

（3）几何画板具有平移、旋转、缩放、反射等图形变换功能，可以按指定的值或动态的值对图形进行这些变换，也可以使用由用户定义的向量、距离、角度、比值来控制这些变换。几何画板还能对动态的对象进行"追踪"，并能显示该对象的"踪迹"，如点的踪迹、线的踪迹、形成的曲线或包络。利用这一功能，可以使学生预先猜测轨迹的形状，还可以看到轨迹形成的过程以及轨迹形成的原因，为观察现象、发现结论、探讨问题创设了较好的情境。几何画板还具有度量和计算功能，能够对所作出的对象进行度量，如度量线段的长度、度量弧长、角度、面积等；还能够对度量出的值进行计算，包括四则运算、函数运算，并把结果动态显示在屏幕上。当被测量对象变动时，显示它们大小的量也随之改变，可以动态地观察它们的变化或者关系。这样一来，像研究多边形的内角和之类的问题就非常容易了，许多定量研究也可以借助几何画板来进行。

(4) 几何画板还提供自定义工具。自定义工具就是把绘图过程自动记录下来，形成一个工具，并随文件保存下来，以后可以使用这个工具进行绘图。比如，课前把画正方体的过程记录下来，制作成一个名为"画正方体"的工具，用这个工具在课堂上再画一个正方体只要几秒钟。教师可以把画椭圆、画双曲线、画抛物线或者一些常用图形的制作过程分别记录下来，建立自己的工具库，这可以大大增强几何画板的功能。用这一功能还可以演示他人用几何画板制作课件的过程，向他人学习制作经验，提高制作水平，以及进行课件制作方法交流、研究。

(5) 几何画板支持直角坐标系和极坐标系，支持由 $y=f(x)$，$x=f(y)$，$r=f(\theta)$，$\theta=f(r)$ 确定的图像或曲线。只要给出函数的表达式，用几何画板就能画出任何一个初等函数的图像，还可以给定自变量的范围。如果需要进行动态控制，可以画出含若干个参数的函数图像。用几何画板可以画分段函数的图像，而且可以画出分任意段的分段函数的图像。

(二) 几何画板的特点

(1) 几何画板是培养学生能力的有力工具。
(2) 几何画板操作简单，易于掌握运用。
(3) 几何画板还能为学生创造一个进行几何"实验"的环境。

二、几何画板对教师教学的帮助

对计算机与数学教学整合的一般理解是：运用现代多媒体技术，从多方面、多角度来解决教学中的重点、难点问题，开拓学生的视野，开发学生的思维。目前多媒体技术用于教学中主要的是"视""听"，这对初中数学的辅助作用远远低于其他学科。而信息技术与数学教学整合的教学模式指出了一条现代技术辅助学科教学新的、更宽广的道路。先进的计算机技术与学科教学有机结合在一起，可充分发挥技术的优势和作用，提高教学效率、突破重点难点，甚至在技术的支持下改革现有的教学方法、教学模式、教学内容和教学观念，把各种技术手段完美地适当地融合到课程中——就像在教学中使用黑板和粉笔一样自然、流畅。在此将几何画板软件与数学课堂教学有机结合的一些做法分几个方面进行介绍。

(一) 结合几何画板的特点，分析教材，改进教法

数学是集严密性、逻辑性、精确性、创造性和想象力于一身的科学。传统的数学教学基本要求是学生掌握基础知识和基本技能。整个教学过程是培养学生思维的过程，是熟练掌握基本技能的过程，是开发学生的空间想象能力的过程，这些都是数学教育的特殊的基本要求。

计算机是信息处理的有效工具,但在数学教育尤其是课堂教学上其优势却不像其他学科那样明显。辅助数学教学的初期人们自然引用了"课本搬家"和"题库"式的数学教育软件,虽然增加了一些动画,但这类软件的作用与课本和习题集没有什么根本的区别,与传统的数学教学相比表现出十分勉强的一面。找出一条使计算机技术能促进学生思考的道路,看来并不是一件简单的事。

(二) 利用几何画板辅助教师讲授基础知识,帮助学生理解基本概念

概念是一事物区别于其他事物的本质属性。数学概念来源于实际,是对现实世界中事物的数量关系和物质形态在本质上的抽象和概括。在教学中讲授或学习概念常常需要借助实物形式或物质的形态进行直观性表述。在入门教学中,教师要注重抓好几何图形的识图教学和作图教学,注重识图、解意能力的培养,并长期贯穿于几何教学活动中,以使学生深化和理解基本概念,认识和掌握基本知识。传统教学模式下,教师要利用三角板、直尺等教学工具,用粉笔在黑板上作出很多有关教学内容的具有代表性的图形,并结合学生生活的具体实际,借助日常生活中学生熟知的经验知识,对典型图形进行分析、描述,在此基础上引导学生认真观察、辨认,启发学生比较、联想。这样的教学无疑对学生认识图形、理解概念、奠定学习几何的形态式语言基础、建立起图形与概念之间的本质联系、深化对概念的认识有着重要的作用。

(三) 利用几何画板把抽象的数学教学变得形象、直观

动态展示教学内容或数学问题,能够化抽象为具体,化具体为形象,因而使教学更加直观、生动,有利于激发学生的学习兴趣,增强教学的趣味性。例如,在点的轨迹教学中教师可以利用几何画板制作点的轨迹形成过程的演示动画。在实际教学中,双击动画,可将点的轨迹的形成过程形象地展现出来,这不仅创设了情境、渲染了氛围、激发起兴趣,还能更好地吸引学生的注意力,起到一箭双雕的作用。

(四) 利用几何画板搭建验证问题和揭示问题本质的技术平台

1. 为学生验证问题搭建技术平台,使几何画板成为"数学实验室"

在解决数学问题时,由于问题本身的抽象性和推理的复杂性,学生可能花费了很多时间都未能把问题证明出来,此时产生对问题的疑义并对问题真实性进行验证是一种极为可能并想去实现的事。此时教师可以引导学生利用几何画板进行实验验证。验证一方面可以缓解心理紧张和心理焦虑,变换思维角度,对问题进行再认识;另一方面可以使学生调节心理平衡,重塑解题信心。学生在通过实验验证得出问题是真实的时,将会激发起信心,增强解决问题的动力,从而有效地克服推理过程中产生的心理障碍。

2. 揭示隐含条件,帮助学生对求解错误的问题寻找根源,使几何画板成为"检验器"

在数学问题中,有时学生解出的答案是错误的,碰到这种情况时,教师可以利用几何

画板帮助学生认识错误、寻找根源。几何画板能帮助学生揭示问题中的隐含条件,避免学生由于作图不正确产生误导。

(五)利用几何画板突破教学难点

对于教学中的一些疑难点,在分析问题的过程中,如不借助于一定的直观实验手段,就很难达到预定的教学目标。解几何题时添加辅助线就是初中数学教学中的一个难点,但辅助线有时是解决问题的关键。教师可以巧用几何画板进行动态实验,使学生先获得深刻的感性认识,然后师生共同通过分析、概括、推理、判断,从而使学生的认识提升到一种理性的高度,这样使严谨、抽象的几何证明充满活力,使复杂的问题简单化,并能开阔学生的思维。

(六)利用几何画板培养学生空间想象能力

利用几何画板能制作出操作者可控制视角的各种几何图形,使学生能从任何方向来观察它们。在观察实物的基础上,调用这些课件,使学生能从多个角度清晰地看到这些可动态变化的几何体,弥补了实物观察时的不足,又在实物与图形之间建立了联系,这对逐步提高学生的空间想象能力是极好的教具与学具。

利用几何画板动态演示让数学真正看得见、摸得着,能促进学生数学思维的发展。教师可以利用几何画板制作或者让学生一起来制作一些课件,通过演示将不易理解的东西形象化、具体化,从而培养学生的想象能力。

三、几何画板对学生数学学习的帮助

(一)利用几何画板为学生提供猜想和探索的技术环境

猜想是在没有现存结论情况下根据问题的条件推断可能存在的结果的一种直觉思维形式。利用几何画板可以为教师培养学生探究性地建构知识提供环境,为学生的猜想提供技术平台,从而让学生在探索中学习,在探究中自主地建构知识,提出猜想的结论,实现创新。

(二)利用几何画板,让学生自主开展"研究教学"的活动

几何画板是一个动态讨论问题的工具,对发展学生的思维能力、开发智力、促进素质教育有着不可忽视的作用。用几何画板与学生共同探讨问题,探求未知的结论,可以开阔思路,培养能力,提高数学素养。让学生学会利用几何画板去研究数学问题,从而找到解决数学问题的方法,这一方法在数学习题的教学中有着重要的意义,这一过程对提高学生自主探究的学习能力、培养学生的数学思维能力能起到不同寻常的作用。

(三)利用几何画板进行教学实验,让学生进入"教学实验室"

几何画板是一种适合数学教学的简单工具,利用几节课或兴趣小组活动教会学生几

画板的基本功能和数学内涵，上数学课（特别是函数、几何课）的时候让学生自己动手分析会产生意想不到的效果。在教师的引导下，几何画板可以给学生创造一个实际"操作"几何图形的环境。在这种环境中学生可以任意拖动图形、观察图形、猜测和验证结论，在观察、探索、发现的过程中增加对各种图形的感性认识，形成丰厚的几何经验背景，从而更有助于学生对数学的学习和理解；同时，几何画板还能为学生创造一个进行几何"实验"的环境，有助于发挥学生的主体性、积极性和创造性，充分体现出现在的数学教学不仅要培养学生计算、演绎等具有根本意义的严格推理的能力，还要培养学生尝试归纳、"假设—检验"、简化然后复杂化、寻找相似性等非形式推理或似真推理的能力。实验方法在数学科学中的作用愈来愈被重视，直接观察、假想试验、统计抽样等方法也日益被采用。而几何画板的使用，使学生进行数学实验时多了一件有用的工具，使得在课堂上让每个学生进行数学实验成为可能。这种数学实验，对学生主体意识的形成，主动参与数学实践本领的提高，自行获取数学知识的能力培养，都将发挥作用。

（四）利用几何画板激发学生的学习兴趣

兴趣是最好的老师。初中生的好奇心理是由他们的年龄特点决定的，而直观性教学是吸引学生注意力，帮助学生产生联想、概括和抽象的最好方法。通过几何画板动态演示，可让学生感受到形与数的变与不变中存在着内在的关系，培养学生数形结合的思想，以及学习数学的兴趣。

五、几何画板在教师"磨题"中的应用

"磨题"这一概念，具有地方特色，这是地域教育发展到一个时期的产物。"磨题"是教师有意识地进行解题锤炼、琢磨，从题目中悟出"道道儿"来，生成解题技能和教学策略。当然，磨题的精髓并不是教师要怎样，而是想办法让学生在学习中形成正确的解题方法，提高自身的解题技能，达到学以致用的目的。因此，"磨题"是提升数学教师综合素质的有效手段和策略，对于数学教师专业成长有着极其重要的价值。磨题包含"磨"理念、"磨"解题、"磨"指导和"磨"命题等几个方面。

随着科学技术的不断发展，教育教学与信息技术渐渐融合，掌握信息技术并熟练运用于教学，成为了现代教师的基本要求。在众多教学软件中，几何画板操作方便，无须编制任何程序且功能强大，对于数学教师来说是一款优秀的教学软件，值得我们熟练掌握并用来辅助教学。如果教师能够在改编题目或准备编制试卷时，时常打开几何画板对题目展开研究，往往会有意想不到的收获。

在进行题目的改编时，常见的有借助例题已有的素材与背景，拓展追问引发学生深层次的思维活动，达到"纵向到底"的功效，培养学生的数学探究能力，发展学生思维的深刻性。在改编几何题目时，可以进行图形的变化。以前教师需要不断画图，引导学生猜想进而验证；现在利用几何画板会节省大量时间，也会发现更多更好的结论。

参考文献

[1] 甘正兰. 初中生物教学中参与式教学法的运用与实践 [J]. 求知导刊，2020（09）：31-32.

[2] 黄秋生. 初中数学教学联系生活的意义与实践 [J]. 百家作文指导，2020（03）：32-33.

[3] 黄雄，陈文强. 初中数学"综合与实践"课程教学改革研究 [M]. 厦门：厦门大学出版社，2019.

[4] 江少佳. 初中数学变式教学探究与实践 [M]. 北京：世界图书出版公司，2020.

[5] 缴志清. 初中数学教学关键问题指导 [M]. 北京：高等教育出版社，2016.

[6] 李国敬. 数形结合在初中数学教学实践中运用的研究 [D]. 开封：河南大学，2015.

[7] 李向东. 初中数学教学方法与管理策略 [M]. 长沙：中南大学出版社，2017.

[8] 李延亮，张全友，杨瀚书，等. 初中数学课程与教学的实践研究 [M]. 青岛：中国海洋大学出版社，2015.

[9] 马复. 初中数学教学策略 [M]. 北京：北京师范大学出版社，2010.

[10] 马小为. 初中数学有效教学 [M]. 北京：北京师范大学出版社，2015.

[11] 闵耀明. 初中数学中的数学思想与方法的教学实践 [D]. 武汉：华中师范大学，2004.

[12] 慕苏娴. 数学思想方法在初中数学中的应用探究实践 [J]. 山海经：教育前沿，2020（01）：1.

[13] 潘超. 数学有效教学的理论与实践 [M]. 成都：四川大学出版社，2016.

[14] 潘小梅. 初中数学教学研究入门36问 [M]. 杭州：浙江大学出版社，2017.

[15] 沈和进. 分层教学在初中数学教学中的应用与实践 [J]. 读天下（综合），2020（03）：43.

[16] 孙锋，吴中林. 培育中学生数学核心素养的策略与实践 [M]. 成都：四川科学技术出版社，2020.

[17] 孙美娟. 初中数学教学与班主任管理 [M]. 青岛：中国海洋大学出版社，2020.

[18] 汪晓勤，栗小妮. 数学史与初中数学教学理论实践与案例 [M]. 上海：华东师范大学出版社，2019.

[19] 夏站稳. 初中数学课堂教学中数形结合思想方法的实践运用 [D]. 海口：海南师范大学，2018.

[20] 向莉. 初中教学中渗透数学思想方法的研究与实践 [D]. 呼和浩特：内蒙古师范大

学，2012.

[21] 徐爱慧. 初中数学教学中的问题与对策 [M]. 北京：中国言实出版社，2017.

[22] 徐建星. 初中数学教学改革 GX 实验的研究 [M]. 重庆：西南师范大学出版社，2018.

[23] 游庆杰. 基于新课程标准的初中数学质疑式教学及反思研究 [D]. 济南：山东师范大学，2019.

[24] 袁虹，章飞. 初中数学微课设计与案例赏析 [M]. 北京：北京师范大学出版社，2018.

[25] 张丽芝. 初中数学再创造 [M]. 上海：上海社会科学院出版社，2020.

[26] 张艳侠. 初中数学有效教学实践 [M]. 沈阳：辽宁大学出版社，2017.

[27] 赵刊. 中学教育教学研究与实践 [M]. 成都：西南交通大学出版社，2018.